UNA ORQUÍDEA PARA MADRID

UNA ORQUÍDEA PARA MADRID

LOLA DE CASTRO

ÉXITO VIDA EDICIONES
Tercera edición: septiembre de 2024
© Derechos de edición reservados.
Éxito vida ediciones

www.exitovidaediciones.es

info@exitovidaediciones.es@2024

© Lola de Castro
Edición: Éxito vida ediciones
Maquetación y revisión: Éxito vida ediciones

Portada: Estefanía Delgado de Castro

Producido por: Éxito vida ediciones

ISBN: 978-84-129044-2-0

Depósito Legal: M-20323-2024

A José Luís, Víctor, Anaïs y Estefanía, a los que quiero con locura y son mi gran motor.

A mis padres, y mis tíos Manuel y Carmela

mis mentores.

"Dentro de 20 años te sentirás más defraudado por las cosas que no llegaste a hacer que por las cosas que realmente hiciste. Así que arriésgate, navega lejos de los puertos seguros, explora, descubre..."

(Mark Twain)

PRÓLOGO

Este es uno de esos raros libros que se leen de principio a fin. Quizás porque es una bonita historia, quizás porque te engancha desde la primera palabra, quizás porque enseguida quieres saber el final….son muchos los motivos.

Esta es una historia de la vida real (quizás otro motivo…). La persecución de un sueño, las dificultades encontradas en el camino, la forma de afrontar los problemas, los errores que todos comentemos, los aciertos que todos tenemos… en definitiva, una historia de personas de carne y hueso que en envuelve desde el primer momento.

Su protagonista, Lola, cuenta su historia desde su anterior vida en Jaén, hasta el principio de su actual vida en Madrid. Muchas cosas pasan en esa travesía. Es una travesía bastante complicada y llena de dificultades, de buenos y malos momentos, lo que hace de esta historia algo especial.

Con una narrativa coloquial y de fácil lectura, Lola te introduce en su mundo como si estuvieras dentro de él, como si fueras esa amiga, amigo, o familiar, que está a su lado en esos momentos difíciles, o en esos momentos alegres. No es algo fácil de conseguir, y, sin embargo, Lola de Castro consigue ese fabuloso efecto de parar el mundo a tu alrededor mientras estas inmerso en la lectura de este libro.

Querido lector, es un placer para mi presentarte esta historia. Espero que disfrutes de su lectura

José Luís González Moreno

Cuando nos conocimos creíamos que la vida nos estaba jugando una mala pasada, lo que no nos dábamos cuenta es que sólo nos estaba regalando una de la mejores cosas que tiene, la amistad.

Desde el minuto cero tuvimos ese vínculo que encuentras en muy pocas personas y que nos unió para siempre.

Tuve la gran suerte de conocer su historia mucho antes de que acabase este libro.

Me cautivó su voz de una manera sobre cogedora, narrando su vida de tal manera que no podía dejar de escucharla, siempre queriendo saber más.

Al cabo de un tiempo me escribió y me dijo que ya lo había terminado y salido a la venta.

Cuando lo tuve en mis manos y lo abrí por la primera página y empecé a leer volvió a transportarme a ese sitio tan suyo y que sólo ella consigue llevarte.

Si alguien se pregunta si leerlo o no, sólo te diré que cuando acabes la última página sólo querrás conocer a la autora y saber más.

Y a ti amiga mía sólo decirte que me pareces la persona más valiente del mundo, una persona que desprende una magia única que contagia a quien está a tu lado.

Te quiero mucho y te deseo toda lo mejor.

Siempre nuestro México que nos dio nuestra amistad eterna. Te quiere tu amiga.

Beatriz Arrom.

La oscuridad de la noche hacía que fuera imposible vislumbrar el camino que llevaba a casa. Ese camino que solía admirar esperando que algo apareciera, tal vez un mago, un hada o una bruja, algún ser mágico que hiciera desaparecer de mí esa incertidumbre que me acompañaba día tras día, buscando un "por qué", un "para qué". Un camino sin ida ni vuelta. Un camino que no iba y no llegaba a ningún lugar, sino que hacía que me quedara en el mismo sitio.

Día tras día.

Era mi compañera leal mi imaginación, que vivía cada día en mí con más fuerza, visualizando tal vez un futuro que podría no existir pero que yo quería conseguir.

Soñar despierta era mi refugio favorito. Allí, en ese mundo donde los sueños mezclan realidad con fantasía, podía ser todo cuanto quisiera y conocer a las personas que necesitaba a mi lado. Pura fantasía. Pero sobre todo ganas de salir del agujero donde me encontraba.

Aunque pasaba las noches en vela buscando respuestas a todo cuanto sucedía, nada me daba esa solución que yo necesitaba, tal vez porque buscaba una salida fácil y sin sacrificios.

A veces confundía la realidad y me convencía a mí misma que todo estaba bien. Quizás disfrazando con menos dignidad a la tristeza que me hacía sentir cada día más vieja.

Mis visitas semanales a diferentes psicólogos no me ayudaban mucho, porque lo que realmente quería conseguir era cambiar mi realidad en vez de afrontarla. Algo imposible.

Decidí que cada nuevo día que viviera sería una aventura sin programar. Dejándome llevar por cada momento. Dejando que la vida me sorprendiera. Teniendo fe en la vida, en mis pensamientos y en mis creencias, confiando en que aquello que ansiaba con tanta fuerza, esa felicidad, ese amor se hicieran realidad. Si algo tenía claro era que debía cambiar aquel escenario empezando por lo que me fuera más fácil, y tal vez así lograría cosas diferentes. Cambiar mi camino diario era una de las primeras cosas que hice. Así empezaría a cambiar todo. Tal vez, a la vuelta de esa esquina por la que nunca pasaba, encontraría una respuesta a todo cuanto estaba buscando.

Me recetaba a mí misma varias soluciones y cambios. Muchas tardes encargaba a mi padre que pasara por la librería Metrópolis y me trajera algún libro, no hacía falta que le diera ningún título especifico, mi padre sabia cual debía de traerme. Lo que encontraba en aquellos libros llenos de esperanza siempre daban el mismo resultado, visualiza tu futuro como si ya lo tuvieras, y cuando cerraba ese libro sentía una fuerza interior increíble y me sentía con el poder de efectivamente cambiarlo todo. Pero ese gran propósito solo duraba unas horas o, en el mejor de los casos, unos días. Luego nuevamente volvía al lugar de partida observando ese camino sin ida ni vuelta.

Los libros que acompañaron aquellos días grises buscando en cada página esa mágica receta que me diera la solución. Solo hacía eso. Buscar y buscar en un lugar equivocado.

Visité falsas adivinas, puse velas, leí esoterismo, libros de autoayuda... Una larga lista de remedios que no llevaban a nada.

Hasta que un día entendí que la solución estaba solo en mí, en mi Yo. Y que aquellos libros que leí empezaron a tomar sentido a la vez que iba cambiando mi pensamiento.

Solo yo podría cambiar mi propio destino. Solo yo era la responsable de aquella tristeza y de aquel abandono personal.

Podría culpar a otras personas de mi estado. Pero era yo la única culpable que permitía que mi vida fuera llevada de aquí para allá arrastrada por mis propias circunstancias.

Si llevaba a cabo aquello que había descubierto, aquella

revelación, mi vida daría un giro de ciento ochenta grados. Un giro que yo misma propiciaría. De la que yo sería mi propio artífice. O también podía cerrar mis ojos y aceptar mi estado, conformándome con vivir en la tristeza, en la desidia y la incertidumbre. Eternamente. Y seguir soñando que algún día por arte de magia todo cambiaría, pero nada cambia por arte de magia.

Ese hubiera sido el camino más fácil. Pero yo no estaba dispuesta a renunciar a lo que necesitaba. Lo opuesto a lo que ya tenía. Y aunque el miedo se hacía presente en cada pensamiento de libertad, también latía el ansia de vivir y conocer otra vida.

Mi estado anímico era como una noria. Reía o lloraba. Lloraba o reía. Me creía con el poder de trasformar todo y al día siguiente quedaba abatida y ahogada en mis propias lágrimas.

Comenzaba una nueva primavera. Las flores de mi jardín empezaban a nacer. El aroma a azahar acompañaba aquellas tardes. Tenía treinta y cinco años y ante mí se abrían dos caminos. Recuerdo que sentada en el sillón de mi salón, visualicé esos dos caminos. Por un lado, seguir como estaba y hacer caso a aquellos amigos y conocidos que me decían una y otra vez:

— Te ha tocado. Es lo que hay. ¿Dónde vas a ir con tres hijos , tú sola?

— ¿Cómo vas a divorciarte? ¡Ya eres mayor para encontrar un nuevo amor!

Y aquellos que me decían "sal corriendo y haz un nuevo camino".

Pero... ¿cuál sería ese reto que estaba dispuesta a emprender?

¿Cuáles serian mis objetivos personales y profesionales?

¿Qué quería conseguir? Y sobre todo ¿cómo influenciaría mi decisión a otras personas?

Cuando escuchaba todas esas opiniones sentía miedo, y de pronto aquella creencia de creer en mi se difuminaba, ellos tenían razón, ¿Dónde iba a ir yo? ¿Quién iba a quererme? Pensamientos limitantes que cada vez para mi suerte me costaba menos apartar de mi, y cambiarlos positivamente. Yo podía cambiar mi vida.

Cuidar mi autoestima era importante, cuando hay una infidelidad o una ruptura te echas las culpa de aquella situación, al menos yo eso era lo que hacía, no me miraba al espejo, de echo esquivaba cualquier reflejo de mi imagen. No me gustaba.

Pero si quería seguir con aquel empoderamiento tendría que buscar un objetivo y una meta,trazar un mapa a seguir.

Mi mapa actual ya estaba dibujado. Y estaba claro que no era el paisaje que más me gustaba. Pero tenía la posibilidad de pintar uno nuevo en el que yo sería, junto con mis sueños, la pieza más importante.

Que difícil era tomar esa decisión, la de poner punto final a la que hasta ahora era mi vida, no era yo sola la protagonista de la historia, había muchas personas más, aquellas que formaron parte de aquella vida que empecé a construir con otra persona hacia veinte años.

Aquella decisión conllevaría mas cosas que no era capaz de ver en aquellos días, era dejar de ver a mis sobrinos, aquellos niños pequeños que poco sabían ni comprendían el cambio que estaba a punto de pasar, y sobre todo lo más importante el cambio que seria para mis hijos, ellos eran lo mas importante en mi vida. Pero había otras personas igual de importantes para mi.

Criada en el seno de una familia católica, el divorcio no era bien visto. Seguramente las palabras del sacerdote que por aquellos años me aconsejaba fueron la pieza clave a sentirme fuerte ante aquello, escuchar de un cura católico que estaba equivocada, normalmente me confesaba los miércoles, que era el día que podía quedarme más en el colegio de mis hijos, y aquel sacerdote que para mi era un psicólogo me hacía sentirme libre para hablar de mis sentimientos, tal vez por lo que conocemos como "secreto de confesión". No me confesaba en un confesionario común, Don Miguel se sentaba en un sillón y yo en otro, como si dos amigos estuvieran hablando, la habitación era amplia y con grandes ventanales, de donde podía ver el campo de olivos que rodea el colegio, era aquel momento de confesión, de abrirse en canal y ser una misma, quizás el más reconfortarle de la semana, mientras aquella reunión se celebraba mis hijos jugaban en el patio del colegio.

-Llevo años confesándote y nunca ha cambiado nada, en breve tu hijo va a recibir su primera comunión y tú sigues en el mismo estado de tristeza y lucha sin llegar a nada.

- Me dijo en el confesionario.

¿Entonces me está diciendo que me separe? Creo que fue la mejor pregunta que realice, detrás de aquella pregunta se escondía la tranquilidad de estar haciendo lo correcto.

-Yo no puedo decirte eso, pero te diré otra cosa.

-Si de algo estoy seguro es que Dios no quiere que sus

hijos sean infelices, y tú lo estas siendo, desde hace muchos años. Debes de tomar ya una decisión.

Aquella confesión significo un antes y un después.

Comunicar mi decisión era una de las tareas más difíciles que se me presentaban.

Me enfrentaba a una dificil situación. El mayor inconveniente era su aceptación ya que, además de mis hijos, eran las personas más importantes en mi vida.

Yo era lo que era gracias a ellos. A los valores que me habían enseñado y sobre todo a la fuerza y confianza que siempre me habían transmitido. Ellos me hacían sentirme fuerte e invencible. Única.

No tenía solo un mentor sino tres abuelillos fantásticos que ejercían también de mis ángeles de la guarda.

Carmela, mi tía abuela, era una mujer forjada a si misma. Una mujer que sacrificó su juventud cuidando de los hijos de sus hermanos en la Guerra Civil española. Nunca la oí quejarse de su vida ni de su sacrificio porque, según sus palabras, fue su decisión y desde primera hora fue consciente de ello.

Crecí a su lado. En mis recuerdos de niñez están aquellas tardes en el patio, peinando mis rizos y pegándome tirones en el pelo. Una gran batalla cada día. Optimista como la primera, libre y luchadora, se convirtió en mi mentora el día que perdí a mi madre. Sus elogios y su fe en mí me hacían sentir válida para cualquier empeño. En mi lugar de trabajo, a mi derecha, una pequeña fotografía suya está presente cada día e intento recordar sus palabras.

Aunque han pasado varios años desde que me dejo, aun no me acostumbro a no tener sus consejos, cada primavera y cada verano su recuerdo viene a mi, aquellas tardes cuando el sol abrasaba el patio y ella hacia esas moñas de jazmín, que luego depositaba en mi pelo. Echo de menos el sonar del pedal de la maquina de coser, aquellos hilos blancos que siempre se me pegaban en la ropa. Y su sonrisa, aquella sonrisa que dibujaba una vida dura pero llena de felicidad. Cada mañana en mi pequeño altar lleno de fotografías de los que ya no están pongo un beso sobre su fotografía acompañada de un suspiro por su ausencia.

Mi tío Manuel era un hombre refinado, sabio y generoso que, por cosas del destino, no tuve a mi lado hasta entrada mi edad madura. Se convirtió para mí en un mentor desde que tuve uso de razón.

Una vez a la semana visitaba a mi abuela, su madre. Recuerdo como aguardaba aquel día ansiosa de verlo y contarle como iba con mis estudios de contabilidad. El me enseño a contar las pulsaciones por minuto cuando con diez años aprendí a escribir a máquina. Repasaba mis asientos contables. Hacía, al igual que mi tía, que me sintiera especial. Era un hombre autoritario y criado en una familia de posición media-alta. Su educación era exquisita, así como su formación académica, y también disponía de unos altos valores morales. Como primogénito, se hacía cargo de todas las cuentas de mi abuela y nadie en mi familia hacía nada sin su visto bueno. Y yo fiel a esa tradición todo lo que quería hacer tenia que pasar por su aprobación, nunca se entrometió en nada de mi vida, observaba y callaba, pero en su mirada encontraba siempre ese apoyo e intuía que sabia lo que estaba pasando.

Cada domingo desde que se quedo viudo, junto con mi tía Carmela iban a comer a mi casa, al estar con ellos y con mi padre sentía esa conexión con mis antepasados, oírlos contar sus historias y anécdotas, me enriquecían como persona y me sentía orgullosa de pertenecer a ellos. Poder escuchar la historia de nuestra vida de la voz de quienes la formaron es un regalo que no siempre se nos concede, en mi caso, he tenido la suerte de crecer y formarme con el legado escrito y hablado de mis antepasados.

Mi padre, su hermano menor, siempre haciendo el bien a los demás. Alegre y con un gran corazón. Quizás escondida detrás de aquella sonrisa estaba la tristeza de haber perdido a dos personas muy importantes en su vida: Su hermano Águedo, con el que compartió juegos y hazañas de juventud, y a su esposa, mi madre, su compañera, religioso por los cuatro costados y guía de mi vida. Él sigue estando a mi lado, y doy gracias a Dios cada día por su compañía, poder desayunar con él, ponerle su desayuno y dejarlo hablar de lo que quiera sin ponerle ningún tipo de corrección, he de confesar que me entristece verlo cada día mas viejo, ver como el paso del tiempo va haciendo mella en él, en su dormitorio mientras charlamos mi mirada se posa sobre los diferentes cuadros donde están todos los que vivieron con él y se fueron, tiene una fotografía que me llena de ternura, en ella esta junto a su madre en la casa grande donde vivían, y vuelvo a disparar mi imaginación recorriendo en mi mente cada rincón de aquella casa donde nací y me crie. Esos eran y son mis mentores.

Era afortunada de poder oírlos, me pasaba muchas horas escuchando sus hazañas, creo y estoy convencida de ello, que poder tener la historia de los tuyos contada por ellos mismos es un regalo, el regalo de la sabiduría, de las vivencias, de las experiencias, en definitiva de la vida, son el mejor libro que puedes escuchar.

En mis años de colegio y cuando vivía mi abuela, estaba deseando que sonara la campana a las cinco de la tarde para salir corriendo hacia mi casa, tirar la cartera en la entrada e irme a la puerta de al lado donde vivía mi abuela Dolores, ella me estaba esperando con mi merienda, un trozo de pan con aceite y azúcar y a lo mejor si tenía suerte ese día una onza de chocolate de la Virgen de la Cabeza, y sentada en una pequeña silla de anea escuchar a mi abuela contarme sus historias, mis preferidas las de miedo.

Aquel día cuando decidí por fin sincerarme con mi tío, sentía un fuerte dolor en el pecho, tuve la intención de volverme y dejarlo para otro día, pero algo me empujaba a seguir adelante con mi decisión.

Me temblaban las piernas cuando fui a la casa de mi tío. Era el albacea de mi vida, un tío que había pasado desapercibido en mi infancia. Alguien que estaba allí pero que era un espejismo, pero también mi referente. Y aunque nunca estaba a su lado lo tenía siempre presente.

Con los años y al enviudar, se refugió en su única familia. Mi padre era lo único que le quedaba. A partir de ese momento formó parte de mi vida adulta, fue muy importante para mí, tanto que lo consideré como mi propio padre.

El sentimiento que tenía hacia mi tío era el de una hija, y sentía que para él era yo también lo era. La vida no le hizo padre biológico, pero sí de corazón. Yo nunca hacia nada sin su consentimiento, para mí era muy importante que todos los pasos que diera estuvieran bendecidos tanto por el cómo por mis otros dos abuelillos.

Subí al octavo piso en el ascensor, repasé mi cabello para tener una buena presencia, respiré hondo mientras el pitido del paso por cada planta me indicaba la cercanía a mi destino. Desde pequeños, siempre, a mi hermano y a mí nos gustaba llamar a aquel timbre que sonaba como los de un gran castillo, "Din Don". Aquel día se oyeron los cansados pasos de su asistenta de hogar, una señora de ya entrada edad, que abrió la puerta con el típico saludo correcto. El olor a tabaco era una de la características de su casa. El paquete de Ducados y un gran alboroto de papeles siempre adornaban su despacho. Con esa sonrisa que le caracterizaba, se levantaba de su gran sillón de piel y sin soltar la pipa, me daba un gran abrazo y me preguntaba:

— ¿Cómo tú por aquí?

y yo, sin dejar de mirar a sus ojos- me pregunté- ¿Por dónde empezar?

Recuerdo su mirada esperando mi respuesta mientras yo inventaba la mejor manera de soltarle lo que llevaba tanto tiempo queriendo hacer.

Las campanas de sus relojes me hicieron volver al momento y mirándolo a los ojos, aquellos ojos que me transmitían tanta paz y confianza, le dije:

— Tito, quiero divorciarme —, su mirada bajo a sus papeles y empezó a buscar entre ellos, no se que cosa, y al cabo de un rato levanto la cabeza y me dijo:

— Sabía que llegaría este momento, llevaba tiempo observando las ausencias de tu marido, y tu tristeza, no quiero eso para ti y mis niños, así que adelante.

— ¡Yo estoy aquí! —exclamó dándose una palmada en el pecho.

Se levantó y me abrazó. No sé si era capaz de entender lo

que suponía para mí ese abrazo y la fuerza que me daba. Respiré hondo.

— El camino no será fácil, tío, pero lo andaré. Solo espero no equivocarme

— No se equivoca uno cuando quiere ser feliz. Te equivocarías si decides ser infeliz. Todo en esta vida tiene un precio hasta la felicidad. Sal a la calle y lucha. No lo olvides nunca. Tú puedes hacer lo que te propongas. Solo depende de lo que estés dispuesta a ganar o a perder.

Que importante es en nuestras vidas esas palabras que nos dicen desde pequeños, tú puedes, tú vales, eres valiente. Esas palabras nos empoderan sin ser conscientes que marcaran nuestra vida, al igual que si tales palabras son negativas, como; no vales nada, no vas a poder, ten miedo. Palabras limitantes que crecen en nosotros de la misma manera que nos hacemos mayores, y que serán primordiales en nuestra actitud ante la vida.

Cuánta razón tenía con aquellas palabras.

Durante ocho años me resigné a no pelear. Me abandoné a mi suerte. Esa suerte que yo había elegido buscando consejo en amigas y en mi confesor de aquellos años.

Quizás el acomodamiento, el miedo, la incertidumbre nos hacen no tomar esas decisiones que ya hemos tomado, pues no se trata de una elección, porque ya sabes que deseas, se trata de tomar conciencia de donde estás y a donde quieres ir. Y cual sería la forma más rápida de llegar.

No había personajes mágicos que me ayudaran a encontrar mi camino. Tuve que ser yo misma quien ideara el plan para alcanzar lo que deseaba. Siempre he sido una soñadora. Mi mirada siempre se proyectaba lejos. A otras ciudades. Imaginaba una vida en ellas. Dentro de mí sentía con tanta fuerza que podía cambiar mi destino que pasaba largas noches en vela imaginando ese territorio inexplorado. Visionando mi felicidad. Quería encontrar esa magia que existía en mi interior y que posee cada uno de nosotros. Buscar la parte positiva a todo lo que había estado viviendo y sacar partido a esa tristeza.

¿Acaso no hay luz bajo la oscuridad?

Cuando nos encontramos a nosotros mismos y hacemos ese viaje a nuestro interior ¿cuántas cosas descubrimos? Todo momento vivido fue necesario para llegar a donde nos encontramos. Y este momento nos llevara a otro y así hasta alcanzar la plenitud personal de cada uno de nosotros. Imagínate parado ante dos caminos. Uno sabes perfectamente a dónde te lleva. Pero el otro… ese otro camino ¿Qué podrá ofrecerte? ¿Qué encontraras? ¿Estás dispuesto a adentrarte en él? ¿Qué es lo primero que haces para emprender cualquier viaje? Necesitas provisiones, preparar tus maletas… Para este viaje hazte tu propio equipaje, tu diario de a bordo.

— ¿Cuál es tu reto?

— ¿Cuáles son tus objetivos personales y profesionales?

— ¿Qué te gustaría conseguir?

— ¿Qué pretendes conseguir?

— ¿Qué sentirás cuando lo hayas logrado?

Toma conciencia de donde estás en este momento y qué sucede a tu alrededor. ¿Qué situaciones o problemas están dificultando que alcances tu objetivo? Si no defines tu destino ¿Cómo vas a marcar tu camino? Piensa en todo cuanto harías si tuvieras tiempo y recursos y qué es lo que realmente te falta. Define tu meta. Define tu realidad. Marca tu tiempo. Ponte tu fecha y ACTÚA.

Decidí no seguir viviendo una farsa, un matrimonio que estaba lleno de infidelidades y mentiras. Si algo tenía claro es que no quería esa vida para mí ni para mis hijos. Renunciaba a un alto status social, una gran casa, un nivel económico bastante bueno, una vida acomodada. Pero no me importaba nada de eso. Quería aventurarme a vivir mi destino. Ese destino que no conocía y por el que estaba dispuesta a dejarme sorprender de una manera u otra. Y también encontrar el amor, ese amor verdadero que me enseñaron que existía, no me iba a resistir a buscar AMOR.

Aunque tenía esta conversación cada noche al día siguiente se difuminaba y volvía otra vez al: "Pero... y si..." Todos mis pensamientos limitantes: Lo tenía todo y tal vez iba a cometer una estupidez renunciando a todo eso.

Observaba la vida de una mujer que había o estaba viviendo una situación parecida a la mía, y como aquella mujer fuerte y valiente, prefirió mirar para otro lado y como ella decía abrazar su destino, y tal vez al verla a ella y sentir como tiraba su vida a la basura, me daba más fuerza para seguir con mi empeño, acabar de una vez por todas

35

aquella vida que no quería ni había soñado para mi.

Pero esas conversaciones conmigo misma eran tan frecuentes que cada vez tardaban más en difuminarse. Poco a poco la percepción del " y si…" se iban transformando en un "¿y por qué no?".

En ese vaivén de pensamientos y emociones que vivían en mí iban dejando su pequeña mueca y cobrando forma. Vas acumulando esa información en tu cerebro. Él las almacena y las hace suyas. Por eso nuestro lenguaje es tan importante. Porque cada palabra que pronunciamos nuestro cerebro la absorbe tanto si es buena como mala. Y actúa en consecuencia.

Es curioso cómo funciona. A pesar de su pequeño peso (cerca de kilo y medio) está compuesto por células y redes neuronales. Estos sistemas neuronales están dispuestos y unidos por multitud de conexiones nerviosas que interactúan para generar procesos como la toma de decisiones. Estas zonas son el bulbo raquídeo, el sistema límbico y el neocórtex o corteza cerebral.

Mi profesora decía y nos hacía repetir que las emociones son "tesoros". ¿Qué son las emociones? Podemos decir que son estados afectivos o sentimientos acompañados de cambios fisiológicos que, con frecuencia, influyen en la conducta del ser humano e invitan a la acción.

Eso era exactamente lo que hacían esas emociones que vivían en mí. Empujarme hacia el movimiento de cambiar eso que ya no quería.

Después de veinte años, viviendo y formando parte de una familia política, que se convierte en la tuya propia, quizás lo que no contemplamos es que cuando se rompe un matrimonio también sin saberlo estamos rompiendo esos lazos familiares que llegaron a nuestra vida el día que dimos el "Si quiero", y en mi caso fue duro sentir que aquellos que eran mis cuñadas, mis sobrinos, pasarían a ser extraños y a los que probablemente no volvería a hablar. Gracias a Dios y ahora que han pasado los años, como dice el refrán "todas las aguas vuelven a su cauce", y seguimos juntos.

Sin contar con el lio de abogados, convenio y etc.

Con todo el papeleo y el desgaste emocional que conlleva un divorcio, me fui fortaleciendo cada vez más. No tenía miedo sino esperanza. Quería disfrutar de esa transformación personal y espiritual en mi vida.

Por fin podía leer y escuchar la música que me gustaba. Se acabaron las noches en vela observando el largo camino que llegaba a casa. Pero no todo era espiritualidad y sueños de destino. Había renunciado a un negocio y empezaba desde cero. Ese ahora era mi gran reto. Sacar adelante a mis hijos. Había dedicado doce años de mi vida a ese negocio conyugal. Siempre me había movido por el mismo sector. El de la artesanía y regalo. Abandone mis estudios joven, para casarme con veintitrés años. Me encontré de pronto obsoleta para enfrentarme al mundo laboral. En la empresa que regentaba yo era la contable.

Con mis ganas de demostrar que era capaz de empezar de nuevo creé otra empresa similar a la que tenía con mi exmarido. A fin de cuentas, conocía al dedillo cómo funcionaba y tenía relación directa con clientes y proveedores.

Cuando creé mi primer negocio no contábamos con ningún local. El salón de mi casa era el taller donde fabricábamos y confeccionábamos los centros de flor seca. Recogíamos flores silvestres del campo y las secábamos al estilo puramente artesanal. Poco a poco la empresa "Delcalfor" creció. Conocía ese camino y estaba preparada para volver a recorrerlo.

Los negocios cambian y hay que actualizarlos. Aunque no habían pasado tantos años de aquel comienzo, los gustos, las decoraciones, los clientes y todos los elementos a los que estaba acostumbrada se habían ido transformando.

En España empezaron a estar muy presentes las tiendas de "Todo a Cien". Se había creado un nuevo nicho de mercado a bajo precio. Por otro lado, la decoración exclusiva para hoteles y floristerías distinguidas no entraban en este tipo de artículos.

Dos diferentes modelos de negocios. El "Todo a Cien" conllevaba mucha productividad, poco beneficio e inversión en personal a destajo.

Por otra parte, la elaboración y distinción de arreglos con una marca de calidad era menos la productividad, generaba un beneficio similar y proporcionaba la satisfacción de crear realmente lo que me gustaba.

Opté por esto último.

En la cochera de mi hermano que curiosamente fue donde seguimos con nuestro negocio mi exmarido y yo, empecé a crear unos nuevos diseños, mi cuñada Gema me ayudo en aquellos primeros meses, ella ya había trabajado conmigo en las flores, una de las clientas y proveedores que teníamos era de Andújar y yo hice buenas migas con ella, un día me llamó para decirme que tenía un posible comprador y que buscaba diseños nuevos y diferentes, no quería nada que tuviera que ver con el "todo a cien" quería algo más elaborado.

Compré mis primeras flores secas en la empresa Andudecor, su gerente lo conocí hacia años cuando trabajaba en Artesanía San José.

Me ayudo bastante en aquella primera compra y así empecé aquel nuevo camino que sin yo saberlo estaría lleno de trampas que unas veces vi y otras caí de bruces. Durante unas semanas cree aquel nuevo catalogo para aquel misterioso cliente que iba a hacerme un gran pedido, no podía dejar de soñar que allí estaría mi oportunidad, tanto creí en ello que a la hora de formar mis arreglos no tenia en cuenta la cantidad de flores que les ponía ni el precio de las mismas, solo que, Acordado el día de entrega, quedé con la chica de Andújar y le entregue aquel muestrario hecho de ilusión y esperanza, con diseños de decoración exclusivos. Pude ver en su cara el asombro al ver mis diseños, eso me hizo sentirme orgullosa de mi trabajo, y decirme a mi misma que era capaz de volver a empezar yo sola.

El camino hacia Jaén estaba lleno de ilusión, iba cantando las canciones de Sabina, feliz sacaba mi mano por la ventanilla del coche, apreciando los olivares a mi derecha y a mi izquierda, admirando ese gran paisaje que envuelve mi preciosa tierra.

Llegué a la casa de mi hermano e ilusionada les conté que ya estaba todo entregado, que nos diría en unos días.

Pero aquellos días se convirtieron en semanas y luego en meses, nunca más volví a saber de aquella mujer, ni cogía el teléfono ni nada.

Mas tarde supe que aquellos centros que yo hice no eran para ningún cliente, sino que le sirvieron a ella para copiarlos y hacer su propio negocio.

Puse pasión en lo que hice, pero no puse cabeza, quizás este error es muy común en las personas que emprendemos, no nos guardamos nuestras espaldas, y tal vez no damos el valor real a lo que hacemos.

Había regalado mi tiempo, mi creatividad y mi dinero, no puedo decir que me robó, porque yo se lo entregue.

Tenia que haber sabido mas de aquel misterioso cliente y mirar mas allá de aquella ilusión que tenia de encontrar mi oportunidad.

¿Habría aprendido la lección? A lo largo de los años desde que escribí mi primer libro hasta ahora he aprendido, que no debes de hablar de tu proyecto a cualquier persona, debes de ser receloso crear y creer en ti, pero sin airear tu sueño.

¿Quiero decir que no hables con nadie de él? No, solo te recomiendo que todo lo que pienses no lo cuentes, y que, si tienes que hablar de tu proyecto sea por alguna razón profesional, no para buscar la aprobación de tus amigos o conocidos. Porque suele pasar que ese sueño que idealizamos y que creemos que será un buen negocio, sentimos que puede ser una locura y de ahí la necesidad de contarlo o compartirlo con las personas que consideramos amigas, pero mi consejo, si me lo permites, es que no lo hagas, que creas en ti, y que si tienes que buscar una aprobación a ese proyecto sea el de personas cualificadas para ello.

Tenia que volver a empezar.

Diseñé poco más de diez modelos con las mejores flores secas y de la máxima calidad. Busqué mi público en floristerías y decoración de hoteles.

Creé un nuevo nombre y alquilé un local céntrico en Jaén, un local pequeñito bien situado, con artículos exclusivos de decoración.

Por aquel tiempo los libros de Paulo Coelho eran mis libros de cabecera. El primero fue "El Alquimista". Llegó a mis manos una mañana de verano, el médico me había recetado antidepresivos, y aunque le dije que nunca iba a tomármelos, seguía escribiendo aquella inútil receta.

Aquella mañana de verano cogí a mi hija pequeña y nos

fuimos a Jaén, a pasear y mirar tiendas, habían abierto una tienda de perfumes y jabones en el centro, me llamó la atención y entré, una mujer joven me saludó, me gustaba como iba vestida, y lo que me transmitía, empezó a enseñarme los diferentes productos que tenia a la venta, y en aquella conversación se paró, me miró a los ojos y me preguntó que me pasaba.

—Yo bajé mi cabeza y pensé ¿y qué no me pasa?

Le hable un poco de mi vida, y ella compartió la suya, había muchas cosas que hacían que su vida y la mía fueran similares, y entonces me pregunto:

—¿te gusta leer? Si, le respondí.

Toma este libro. Me dijo

- a mí me cambio la vida, espero que contigo haga lo mismo.

Miré la portada, "El alquimista", y así fue como empezó a cambiar mi vida, perdiendo el miedo y creyendo que aquello que pensaba imposible podía ser posible, y sin saberlo aquella desconocida me dio mi primera arma de lucha y aquella desconocida se hizo amiga a lo largo de los años, y juntas vimos como aquella similitud en nuestras vidas iba haciéndose cada día mas grande.

Y así seguí leyendo los libros de Paulo Coelho. Lo bueno de aquella soledad en la que vivía, fue que me refugié en la lectura, libros que en aquella época fueron más que libros, fueron respuestas, fuerza y esperanza para conseguir mi sueño. Cambiar aquella realidad que me oprimía cada día con más fuerza y salir de aquel agujero.

Cuando abrí ese negocio estaba leyendo "Maktub". No había un mejor nombre para mi tienda. Así lo sentía. Todo estaba escrito. Mi vida se había convertido en una nueva batalla espiritual.

Cada nuevo día era una aventura de la que no esperaba nada. Solo sentía cada minuto vivido. Y aunque la tristeza me rondaba muchas horas de mi día a día, incluso en aquellas lagrimas veía luz y esperanza.

Veía crecer a mis hijos felices. Sin echar nada de menos, éramos cuatro tripulantes y todos capitanes. Reíamos, jugábamos y cuando la nevera estaba mas vacía que llena, jugábamos a hacer eco en ella. Mis hijos eran felices si yo lo era. Y pese a estar acostumbrados a una vida fácil, al igual que yo, eran mas felices en nuestra situación actual. Fueron años de mucha lucha, pero necesarios para llegar a donde hoy me encuentro. Todo cambio conlleva incertidumbre. La incertidumbre de elegir entre el camino que ya conoces y el que no. Nada es fácil, pero tampoco imposible.

Si hay algo que tal vez me caracteriza, es que nunca me doy por vencida, he aprendido a caer y levantarme cada vez con más fuerza, nunca me han gustado las cosas fáciles, siempre he buscado el camino más difícil el menos transitado, y a pesar de los problemas que me encontraba y los malos momentos, siempre había esa nota de humor, aquellas risas con mis amigos y la ayuda siempre fiel de las personas que me querían.

Un día mi amiga Ana me dijo:

—¿Por qué no vuelves a hacer un catalogo de centros, y llamas a alguno de los clientes que conoces?, no vas a perder nada, y si te hace falta dinero yo te lo dejó. La miré con cara de ilusión, y le dije:

—Puedo intentarlo, pero no quiero que me dejes dinero, ya me busco yo la vida, a lo que enseguida me replico:

—Mira, te vas a por flores y a por centros, elige los mejores que sean de calidad, y haces unos 6 o siete modelos, y si necesitas ayuda te ayudamos entre todos, y cuando los tengas hechos llamas y que vengan a verlos y a ver que pasa.

Y así lo hice, Ana me dejó dinero y me fui a Andújar a comprar todo lo necesario para hacer los mejores centros y conseguir que aquel negocio funcionara, me acompañó mi sobrina Rocío, nos reíamos mucho juntas, aquellos viajes a Andújar a por flores en un viejo R6 eran toda una aventura. Siempre teníamos alguna anécdota que contar.

Cuando regresamos con el coche lleno de cerámica y flores lo llevamos al pequeño local, pensamos que la trastienda seria suficiente para poder hacer allí los arreglos, pero aquello fue un desastre, no había espacio, vinieron Ana y

Enrique a ayudarme y no había espacio ni para movernos, me recuerdo a mi misma dando saltos entre las flores y las cajas para ir de un sitio a otro, al escribir aquello recuerdos me brota una sonrisa y una pequeña melancolía.

Hoy lejos de ellos viviendo en otra ciudad se siente con mas fuerza el cariño y la añoranza de aquellos duros y felices años.

Quizás aquellos centros fueron los más bonitos que he hecho en mi vida, con cada flor que plasmaba giraba el centro para que me dieran su visto bueno, hasta que estaba perfecto, según todos.

Llegó el día de la primera visita de un posible cliente, la pequeña tienda de decoración era de todo menos eso, aquel pequeño espacio estaba cubierto por centros y jarrones de flor artificial. Fueron apartando como podían los centros y poniéndolos a un lado, se miraron las dos personas que estaban haciendo dicha selección y dirigiéndose a mi, me dijeron:

—Nos ha gustado mucho, vamos a hacerte un pedido.

Miré a Alba y las dos contuvimos la alegría que sentíamos. Aquel primer pedido fue el más grande que había recibido en mi vida.

Me dijeron que los materiales me los proporcionarían ellos por lo que tenia que ir a Lucena a por jarrones y flores, pero claro no iba a ir con mi R6, así que tenia que alquilar una furgoneta.

Aquello si que fue una aventura, en mi vida había conducido una furgoneta, pero allí estaba yo y mi amiga y compañera de aquellos años, Alba, y nos fuimos a Lucena

(Córdoba) y los pedidos siguieron llegando y aquel pequeño local, se quedo pequeño, así que busque una nave en Jaén y cerré la tienda y en aquella nave trabajé y contrate a otras mujeres, parecía que el negocio iba viento en popa.

Casi estaba convencida de haberlo conseguido, pero las trampas que me iba a encontrar en el camino estaban por llegar.

Quería irme a vivir a Jaén, y no tener que estar de dando viajes, era una excusa para dejar aquella casa, mis hijos estaban en el colegio en Jaén, Inma me ayudaba con ellos, éramos una gran familia.

Y de pronto aquello que creí que había conseguido empezó a desaparecer, no llegaban pedidos, y si llegaban me los anulaban al poco tiempo.

Dejé la nave, y mi guerra con mi exmarido era cada vez más grande, me quitaba clientes, hablaba con proveedores dejándome en mal lugar. Al tener clientes y proveedores iguales, coincidíamos muchas veces en el mismo lugar. Él siempre iba acompañado de su chica, madre de una hija de la misma edad que la mía, ambas nacidas el mismo día y año.

Cuando hablo de mi vida, siempre digo "en una de mis vidas". Porque para mí han sido muchas vidas en una. He pasado por muchos cambios y ciclos, desde que pierdo a mi madre con 22 años, me caso, tengo mis hijos, y sufro ese maltrato psicológico que nunca puedes probar y que parece que no existe. Esa es otra de mis vidas, donde la desesperación junto con la esperanza de que todo cambiará en algún momento me hacía seguir en aquella espiral de la que no conseguía salir, pero como digo esa historia no es la de este libro, sino hablaros de cómo se puede conseguir lo que deseas. No importa que seas mayor, madre, padre, exmarido, exmujer, viudo o viuda. Sea cual sea tu estado civil, puede que creas en algunos momentos que todo este perdido. Pero no es así. Por eso con la historia de mi vida doy testimonio de que se puede ser feliz y conseguir lo que realmente quieres.

Ya había salido de aquella jaula de oro que consideraba mi casa. Había hecho posible lo imposible. Como si de una canción de Sabina se tratara, mi vida siempre encontraba la melodía exacta para entablar esa conexión con sus canciones. "Como un dolor de muelas" definía perfectamente cuales eran mis pensamientos en aquel momento.

Las canciones del maestro fueron en parte como mi coach. Ellas me han acompañado siempre a lo largo de los años. Admiraba y sigo admirando a este genio y paisano mío.

Me instalé en Jaén capital. Era una manera de poner tierra de por medio y poner ese imaginario punto final que, en el fondo, y habiendo hijos de por medio, nunca pones.

Volver a mi tierra natal era una de las mejores decisiones posibles. Reencontrarme de alguna manera con mi punto de partida.

Cada mañana desayunaba con mis amigas. Era el mejor momento de la semana. Como si estuviéramos en el café Gijón de Madrid, cada mañana a las 9:30, nos reuníamos todas. Tres divorciadas con parecidas historias. Nuestras tertulias matutinas eran variadas, pero todas tenían un denominador común: El tiempo perdido. Éramos jóvenes y nuestro reloj biológico parecía haberse vuelto loco. Madres divorciadas con ganas de volver a enamorarse y vivir una nueva oportunidad.

Todas las mañanas había una nueva historia que contar. Nuevas anécdotas y alguna que otra tristeza, pero que siempre acababan en risas sacando brillo a nuestro sarcasmo.

Éramos empresarias, autónomas o locas, que más da. Mujeres que habíamos dado un golpe en la mesa y decidido en algún momento de nuestra vida salir del círculo vicioso en el que nos encontrábamos.

Luchadoras enfrentándose a bancos y préstamos para empezar de nuevo un negocio. Luchando contra nuestro propio destino.

Ninguna de las tres encontrábamos nuestro sitio. Cada una de nosotras soñaba con una ciudad. Málaga, Madrid…

"El mundo está en manos de aquellos que tienen el coraje de soñar y de correr el riesgo de vivir sus sueños". Paulo Coelho lo explicó mejor que nadie en "El Alquimista".

¿Adivináis quien soñaba con Madrid?

Sí. Era yo la que al cruzar Despeñaperros en mi otra vida de casada soñaba que conducía mi propio vehículo. Soñaba que vivía allí y que era parte de las personas que vivían en esa ciudad. Soñaba con conocer escritores, famosos, pintores, pasear por el Barrio de las Letras, conocer el amor allí. Sueños….

Y de todos esos sueños tenían mucha culpa las canciones de Sabina. Pongamos que hablo de Madrid…

Soñaba con estrechar su mano algún día. Darle las gracias por todo lo que me había ayudado sin saberlo.

Soñaba y soñaba. Todo eran sueños y así pasaban mis días, imaginando en las horas nocturnas el amor y ser parte de aquella ciudad a la que quise tanto desde pequeña.

Una de aquellas mañanas de tertulia hablé a mis amigas de una entrevista que Pedro Ruiz hacía a Sabina. He de confesaros que mis amigas no soportaban a Joaquín Sabina y buscaban mil excusas para no montarse en mi coche precisamente para no oír sus canciones. Eran los únicos CD que tenía.

Incluso recuerdo la alegría que se llevaron cuando me robaron el coche llevándose de paso la disquetera y dejándome sin ningún CD del maestro. Estaba claro que el ladrón tenía buen gusto.

Por aquellos días yo no veía la televisión. Me había acostumbrado a prescindir de ella y estaba más enganchada a Internet, todo un descubrimiento, y al chat del "Doctor Amor". Allí empecé a hablar con un tal "Morenator". La primera vez que entre en ese chat era un 23 de junio del años 2001 y aquel misterioso "morenator" era la persona que me arrancaba una sonrisa a miles de kilómetros, seguramente no era consciente del bien que me estaba haciendo, porque me dio la sospecha que podría encontrar ese amor, que siempre había buscado, que era posible que alguien me quisiera y me fuera fiel, que era posible volver a sentir en el estómago esas mariposas y arreglarte como para una boda cualquier día de la semana para sentirte atractiva, cuando empecé hablar con él y me dijo que era de Madrid, ya me gusto, ¿y si hubiera sido de Granada, Málaga o Barcelona? Posiblemente no hubiera ido a conocerlo, pero era de Madrid y sin yo sospecharlo se convertiría en mi hilo de amor y en el amor de mi vida.

Cuando dibujas un nuevo escenario y creas tus nuevas circunstancias es mágico la manera en que empieza a moverse todo, llegando a tu vida, lo que te estaba esperando. Juntos hemos creado una familia y nuestras propias tradiciones. Esta preciosa historia de amor hoy día aun vive, y espero que dure muchos años más, pero esta historia formara parte de otro libro.

Aquella noche escuché la entrevista que le hizo Pedro Ruiz a Joaquín Sabina. Se veía que no pasaba por su mejor momento y la tristeza del autor se percibía a través de la pantalla. Sentía aquella tristeza y pensaba "¿Cómo puede estar triste? ¿Acaso no es consciente del efecto que produce en la gente?". Era como si me sintiera en la necesidad de devolverle las horas de esperanza que el me dio a través de sus canciones. Subí a la buhardilla y empecé a escribirle una carta.

Os puedo garantizar que cuando la escribía me prometí a mi misma que la haría llegar a sus manos, por supuesto. ¿Pero cómo? Lo sentí con fuerza y toda la certeza del mundo. Me dije "algún día se la daré, ya lo veréis".

"Cuando una persona realmente desea algo, el Universo entero conspira para que realice sus sueños". De nuevo Paulo Coelho estaba de mi parte.

Todo lo que estaba viviendo estaba muy bien. Hacía que me sintiera viva. Más viva que nunca y con el poder suficiente para poder dibujar mi propio paisaje.

Estaba en esa etapa en la que buscas sobre todo reír y volver a tus orígenes. Volver a sentir que respiras y que no estás sola. En realidad, nunca estuve sola. Siempre estaba rodeada de buenas amigas y de mis tres abuelillos. Mi tía abuela Carmela, mi tío Manuel y mi padre.

Ellos me daban todo el apoyo y la fuerza que en aquellos momentos necesitaba, apoyando siempre mis tomas de decisiones y recordándome cada día el valor que tenía como persona. Esa fuerza que otras personas ven en ti y que tú misma no acabas de comprender al observar en el espejo las primeras arrugas de un pasado que empiezan a asomar en tu rostro.

Era necesario no perder mi objetivo. Aquel que me hizo emprender el nuevo camino. No llegaba a encontrar mi sitio ya que profesionalmente nada me salía del todo bien. Empezó a anidar en mi cabeza la idea de volar y cambiar de ciudad. Era una decisión bastante difícil e importante. Debía ser muy bien meditada. Tenía que contemplar mis opciones y volver a trazar mi mapa.

Antes que nada, debía de allanar el camino. Todo lo que sabía de vivir en Madrid eran imaginaciones, fantasías sin ningún fundamento. Todo lo que tenía era un Máster en Soñar. Ahora mi meta había cambiado un poco. Se había modificado y era necesario adaptar la nueva carta de navegación.

¿Qué quería conseguir si me iba a Madrid?

¿Cuáles eran los obstáculos a los que me enfrentaría tras tomar esta decisión?

¿Cuál era mi mayor preocupación?

¿A quién afectaría mi decisión?

¿Cuáles eran mis recursos?

Si daba el paso definitivo ¿Qué alternativas tendría a mi alcance? ¿Cuál sería el primer paso? ¿Quién me ayudaría o apoyaría?

No podía seguir eternamente buceando por esas preguntas. Tenía que comprometerme con ese objetivo y estudiar la decisión

Lo mejor cuando uno se encuentra ante dos caminos es hacer lo que describí al principio: Visionar que lo que te daría uno y otro. ¿Qué pasa si no lo consigues si no te sale como tienes planeado?

Una vez más me veía en esa encrucijada, tan importante como la anterior. Ese cambio afectaría no solo a mí sino a las personas que me rodeaban con la misma intensidad que la anterior. Suponía un gran cambio en sus vidas. Y una vez más las personas que me importaban, mis tres abuelillos, eran clave esencial. Ya eran mayores para decirles que me iba a ir a 350 km de sus vidas. Ellos dependían de mí, de mis cuidados, eso era algo que me frenaba muchísimo, no podía dejarlos. Eran octogenarios y me necesitaban. Ese no era el momento.

Decidí pasar los siguientes tres años entre Madrid y Jaén.

Aunque nací en Jaén, no llegaba a sentirme identificada con ella, tal vez por los años que estuve viviendo a unos pocos kilómetros de distancia.

Había perdido esa conexión con la ciudad. Seguía teniendo amigos y todos mis recuerdos de adolescencia, pero algo me faltaba.

Poco a poco me fui quitando la idea de irme a Madrid y abrazando la idea de quedarme en Jaén. Busqué mi sitio y no lo encontré. De nuevo parecía que no era el momento.

Mientras escribo este libro, y después de diecisiete años viviendo en Madrid, recuerdo que durante estos años y en la distancia he aprendido a amar a mi ciudad más que nunca. Tal vez tenía que echarla de menos para poder valorarla y sentirme jiennense por todos los costados.

En mis momentos de silencio recorro en mi mente sus calles, empinadas y empedradas, llenas de misterio y leyendas. Jaén es esa gran desconocida que la mayoría de la gente conoce solo de paso. Pero que cuando la conocen quedan atrapados por su misterio, es una ciudad con luz propia, donde las leyendas y sus callejones del casco antiguo te atrapan y por alguna razón no puedes dejar de sentirte atraído por ella.

Muchas veces cuando nos juntábamos varios amigos había algo que nos hacía similares, en todos o casi todos existía la necesidad de irse de la ciudad, pero a la vez estaba esa fuerza que te impedía hacerlo, y quien lo hacía, como en mi caso, soñaba con volver a pasear por sus calles.

Echo de menos desayunar en la plaza El Pósito. Pasear por la calle Cerón. Sentir nuestro acento peculiar y disfrutar de su gastronomía.

Si visitáis Jaén podréis apreciar que la Catedral se alza sobre la ciudad, con una peculiaridad: da la espalda a la misma y mira a las montañas.

Podría seguir contando tantas cosas de esta ciudad tan bella, a la que un día dejé y la que desde ese día sentencié a vivir con más fuerza dentro de mí.

En estos años he tenido dos citas anuales con mi ciudad: Semana Santa para ver salir al "Abuelo" y la Feria de San Lucas. Tomar unas cervezas en el Pósito, mi rincón preferido, y visitar Metrópolis mi librería preferida en el casco histórico de Jaén, con mi amigo Enrique.

La librería forma parte del encanto del casco antiguo de la ciudad, bajando desde la Plaza Santa María por la calle Campanas, donde los meses de otoño e invierno el viento sopla tan fuerte que puedes bailar con él, a mano derecha empieza esta emblemática calle Cerón, al principio se encuentra el BAR MONTANA, mi madre con sus hermanas y mi abuela iban a tomar churros cada sábado antes de ir al mercado de abastos, y recuerdo como si fuera ayer, los domingo después de misa ir con mis padres a tomar unas blanquillas que tanto le gustaban a mi madre.

Para mi, desde el comienzo esta calle tiene ese aroma a recuerdo entrañable que le hace ser especial, no solo por su pavimento que es precioso si no por el aroma que se desprende de ella a historia. Cerca de ella un poco más arriba de la calle se encuentra el Casino de artesanos, transformado en un centro social, y toda la calle está llena de establecimientos algunos de ellos los que aún no han cerrado que forman parte de la historia de esta ciudad y del recuerdo de mi infancia y adolescencia. Por eso ir a la librería Metrópoli y perderse entre sus libros era un lugar mágico donde evadirse de un presente tan dispar como esperanzador.

Todo aquel que conoce Jaén queda preso de su encanto.

Corría el verano del 2004. Un verano extraño, la verdad. Me sentía en tierra de nadie, pese a tener unas vacaciones programadas con mi familia en nuestro perfecto apartamento en Málaga. Mis hijos se iban con su nueva familia a ese maravilloso apartamento y yo me quedaba en Jaén.

Hacía años que no me veía tan sola, lo cual tenía su parte positiva. Siempre nos quejamos de que no tenemos tiempo para nosotras mismas cuando somos esposas, madres e hijas. Bien, yo ya tenía tiempo para hacer lo que quisiera. El problema era ¿qué hacer? Tenía la opción de relajarme e irme a la playa con las amigas. Tenía la oportunidad de hacer lo que no podía hacer cuando cuido de mis hijos. Viajar y abrir mercado con mis productos. Compré un billete de tren y me fui a Madrid con un plan ya preparado.

Tenía una pequeña lista de las floristerías que existían en Madrid. Y tenía unas súper tarjetas de visita, Dedicaría esa semana a buscar clientes que compraran mis arreglos florales.

No tenía ni idea de andar por Madrid, Nunca había viajado sola y cuando viajaba a la capital iba directa al recinto ferial de IFEMA. Tal vez alguna cena o discoteca por la calle Arenal. Además, yo no conducía y por tanto no me preocupaba de cómo llegar de un sitio a otro.

¡Menuda aventura aquella! Al bajarme en Atocha ni siquiera sabía por dónde salir. Me sentía como Paco Martínez Soria en una de sus películas. Sentía pavor y me decía "Tía, estás loca". Pero no me permitiría dar un paso atrás, ¿Qué mejor manera de aprovechar esa semana de libertad? Acción. Eso es lo que necesitaba para cambiar mi vida.

"La vida es muy corta para las excusas, define tus metas y ve tras ellas".   (Tony Robins)

¡Qué pequeña me sentía al salir de la estación! Los edificios parecían aún más grande de lo que son. ¡Cuánta gente y cuánto ruido!

— ¡Madre mía! ¿Dónde me he metido? Me sentía fuerte y débil. Grande y pequeña a la vez.

¿Qué quería conseguir? ¡Cómo echaba de menos a los míos! Me sentía indefensa y solitaria. Intentaba recordar qué me llevó ha hacer ese viaje. Sacar fuerzas y no derrumbarme. Entré en el metro de la calle Atocha. Un músico ambulante tocaba "Princesa" de Joaquín Sabina".

La nostalgia y la tristeza se fundieron en esperanza. Respiré hondo.

Ya estaba allí. En aquella ciudad que tanto soñaba. Era un viaje que hacía sola. ¡Mi primer viaje! Nunca me había achantado con las adversidades de la vida. Aprendí a perder el día que perdí a mi madre. Seguí aquel camino que no tendría retorno. Pero yo aún no lo sabía.

Me dirigí hacia la estación de Legazpi. Allí me esperaba

mi tío Francisco, primo hermano de mi padre. Un tío muy querido para mí. Aquel primer abrazo me hizo sentir que no estaba sola. En su abrazo respiré esperanza.

En la comida familiar estaban mis dos primos que, aunque eran primos segundos, para mí eran y son primos y hermanos. Siempre había tenido mucha afinidad con ellos. El hecho de ser de Madrid le daba bastantes puntos. Eso y ser como son. Se nota que compartimos sangre, aunque no apellido. Me siento afortunada por mi familia. La única pena es que muchos ya partieron a un mundo mejor.

Pasé los siguientes días visitando floristerías. Me sentía una mas cuando paseaba por las calles de Madrid. Me sentía parte de aquellas vidas que deambulaban con prisa por la Gran Vía, por las estaciones de metro llenas de gente, apretados unos con otros. Me sentía parte de la esperanza y lucha que había en cada una de sus miradas.

Amaba y amo Madrid

Una vez más, sus canciones me identifican. Tal y cómo él dice: "Yo me bajo en Atocha, yo me quedo en Madrid".

De vuelta a Jaén en el tren, escribí este poema a Madrid:

"Una vez más te digo un adiós

un hasta luego,

y desde el vagón te brindo

mi ultima mirada.

¿Y si acaso algún día

Forme parte de ti?

¿Y si entre ese estruendo de ruidos vacíos

Quedó perdida mi alma

En algún siglo?

¡Y si acaso el poder del deseo

acaricia mi pelo!

en una noche aun sin luna

¿Pero viva y llena de misterio?

¿y si acaso el amanecer de un nuevo día

trajera la melancolía de volverte a ver?

¿Y si acaso las calles que veo

perderse en la lejanía, cuando mi tren sale

donde no quiero regresar,

me arroparon un día siendo mi hogar?

¿Y si acaso en el desierto de mi vida,

mis alas pudieran volar,

sentir el amanecer, el anochecer

el ocaso, el día, el sol, la lluvia, el amor.

¿Y si acaso algún día pudiera

descubrir por que te amo tanto Madrid?"

A partir de aquella semana mi vida fue un vaivén entre Jaén y Madrid. Digamos que iba allanando el camino. Cada vez con más fuerza sentía que quería asentarme allí.

Pensar en cambiar de ciudad era algo muy difícil, cuando lo comentaba, casi siempre en voz baja, la cara de mis amigos era un entrecejo fruncido. Tenía que ser realista. Tenía tres hijos pequeños y no tenía un trabajo definido. Lo único que tenía propio eran mis sueños y de ellos no se comía. Colegios, casa de alquiler. ¿Alquiler?

No sabía que se sentía viviendo de alquiler. Siempre viví en casas propias. Grandes casas con asistentas. Pero nada de eso me importaba. Solo sentía dentro de mí que mi ciudad se me moría y que necesitaba echarla de menos. Tenía que volar. Pero… ¡qué difícil era tomar aquella decisión!

Fui matando esa idea poco a poco e iba dejando que pasasen los días y los meses. Hacía cortos viajes a Madrid. Todas las semanas buscaba el pretexto para visitar a un cliente, entregar una mercancía o vivir cosas que no había vivido en el terreno personal. Pero eso no es de esta vida.

Corresponde a otra de mis vidas.

Tenía un objetivo: vivir en Madrid. Y muchas preguntas, miedos y decisiones que tomar. Algo me decía que no estaba preparada para dar ese paso. Tal vez no lo estaría nunca.

Cuando lanzas una pregunta al universo es curioso comprobar cómo nos da la respuesta. Solo hay que estar atento a sus mensajes. Lo de menos es que seas creyente o no. Llámalo X o energía. Pero esa magia existe.

Empieza a recordar algún momento de tu vida en el que buscabas una respuesta y llegó a ti de alguna manera. Un anuncio, una película que precisamente contaba tu misma historia, una nueva amistad, el chico del autobús o la vecina que nunca te saluda y aquel día pronuncia una sola palabra y es exactamente la respuesta esperada…

Algo así me ocurría a mí. Empecé a conocer a gente nueva. A buscar trabajo por Internet. A leer libros y escuchar canciones, no solo de Sabina (que ya sabemos que casi todas hablan de Madrid) Cosas nuevas iban entrando en mi vida. Incluso mi psicóloga era de Madrid. Me había enamorado y ese amor también me lo ofrecía un madrileño.

Normalmente, cuando subía a Madrid era en tren. Pero se me hacía necesario subir en mi propio coche ya que empezaba a vender aquellos arreglos florales.

Es curioso el miedo que provoca conducir en Madrid a los que somos de ciudades pequeñas. Por tonto que pueda parecer, a mí también me daba un poco de respeto. Pero era un nuevo obstáculo que superar así que ¿por qué no? Me dolían los brazos, tenía mil ojos. Pero era algo que había que hacer. No antes de trazar mi mapa a ese que sentía mi destino y el porqué de cada viaje a la capital de España.

Había buscado en Internet la dirección del Instituto de la Mujer, ya que en Jaén no tuve mucha suerte. Decidí que debía agarrar las oportunidades que me ofrecía Madrid profesionalmente.

Aparqué mi coche en el parking de Colón. No quería aventurarme más por el momento. La lección de viabilidad urbana era suficiente. Me dirigí a la calle Alonso Martínez sin saber muy bien qué iba a decir, cuál sería mi presentación. ¿Somos conscientes de la importancia de esos pocos minutos en los que debemos captar el interés de la persona necesaria? Un tiempo tan breve puede cambiar el resultado de tus expectativas.

Tenlo presente cuando hables de ti y de tus proyectos. Capta la atención de tu oyente. Sé honesto, no vendas humo y ve directo a lo que quieres.

"El mejor discurso es el que tiene un buen principio y final, y en el que la distancia entre ambos sea la mínima posible" (Winston Churchill)

Entré en aquel señorial edificio. Subí andando (no quise correr el riesgo de quedarme atascada en el ascensor). Llamé y me abrió una chica ("Judith",descubriría después) y me acerqué al mostrador de información.

— Buenos días - una mirada dulce me observaba detrás de unas gafas y una dulce sonrisa.

— ¿Qué puedo hacer por ti? ¡Momento clave!

¿Qué puedes hacer por mi? ¿Qué podría contestar a eso?

Realmente no se que puedes hacer por mí, pero eres casi mi ultima esperanza- Me dije a mi misma.

— Vengo desde Jaén -contesté. Soy madre divorciada y estoy buscando una oportunidad en Madrid. He sido empresaria y me gustaría poder comenzar de nuevo.

Tal vez no fue mi mejor presentación, le solté todo de pronto sin pararme a pensar en lo que decía, era como querer vomitar todo lo que llevaba dentro, pero tal vez aquella mujer entendía con pocas palabras lo que quería decirle, o al menos eso me transmitió cuando alzó sus cejas. Mirándome, me pidió que esperara un momento.

— Pasa a esta sala y enseguida te atienden.

Entró en un despacho, Yo admiraba los folletos que había en la pequeña mesa de cristal, impaciente por saber lo que me diría. No tardó mucho, pero a mí se me hizo eterno.

— ¿Puedes acompañarme? — sí, enseguida. Cogí mi maletín y seguí sus pasos.

— Va a atenderte Julia, por cierto mi nombre es Ana.

Era un gran despacho con vistas a la calle Alonso Martínez, Tanto Julia como Ana tenían un aspecto dulce y sereno.

— Me ha dicho mi compañera que vienes de Jaén. — Sí. Así es. — Cuéntame. ¿Qué esperas o buscas aquí? háblame un poco de ti.

Yo nunca he sabido hablar de mí, nunca se que decir, ¿quien soy? ¿que dices ante esa pregunta? si has estado a punto de olvidarte de quien eres, ¿por donde empiezas? ¿que insignia te pones? la primera que se te viene a la cabeza es que estas separada o divorciada, parece como que ese estado civil ya te hace diferente al resto, no siempre con mejor valoración, así que empecé por ese estado.

— Pues verás, llevo un par de años divorciada. Yo antes tenía empresa. Tengo conocimientos contables y quiero cambiar de ciudad. Tengo tres hijos, por lo que no será muy fácil, pero me da miedo la falta de trabajo o de un proyecto definido. No sé si podéis ayudarme o existe algún tipo de ayuda para personas en mi situación.

Su expresión de asombro, tal vez la dejó sin palabras y se limitó a decirme:

— Vale, —me dijo— hoy ya es tarde y estamos a punto de cerrar. ¿Tienes dónde quedarte?

— Sí, no te preocupes. —No entraba en mis planes quedarme a dormir sino volver al salir de la entrevista.

— Vale, si te parece bien te doy cita para la semana que viene y que Ana te de cita también con Patricia y la abogada por si necesitaras algún que otro trámite.

— Muchas gracias por atenderme. Muchas gracias, de verdad.

Sentía una gratitud sincera. Aunque me duela, no había tenido esa sensación cuando busqué ayuda en Jaén, mi ciudad. En Madrid, en menos de una hora, personas que no me conocían habían abierto la puerta de la esperanza a mi proyecto.

Ana e dio cita para la semana siguiente. Le pedí que fuera a primera hora. De esta manera haría noche en Madrid y aprovecharía mejor el día el día anterior.

Salí del edificio. Fui andando desde Colón a Gran Vía y entré en un VIP's para comer algo.

Me sentía extraña. No es lo mismo comer en soledad al mediodía en un establecimiento público que ir a cenar. Siempre me he preguntado el porqué. No podía evitar tener esa sensación.

Mientras comía observaba a aquella gente que hablaba entre si. No había mesas con una sola persona. Dejé correr mi imaginación pensando en lo bonito que sería poder compartir comida con amigos de Madrid. Hacer lo que hacían ellos. A fin de cuentas, era lo que hacía yo en Jaén cuando quedaba con mis amigas. En Madrid no tenía amigos. Todavía.

Una vez más proyecté mí imagen como si estuviera comiendo acompañada y la retuve para que aquella comida no fuera tan solitaria.

Volví al Instituto la semana siguiente ya más confiada y relajada pues me sabía el camino. Aunque para esta ocasión volví en tren.

— Buenos días.

— Buenos días. Un momento y enseguida te atendemos.

— Gracias.

— Julia, la chica de Jaén ya está aquí, —dijo Ana con su mirada y su dulce sonrisa.

— Un momento —contestó Julia— Hazla pasar.

— Pasa. ¿Quieres que te llame María Dolores o Lola?

75

— Puedes llamarme como prefieras, pero Lola está bien. O Loli. Nunca he tenido problema con el nombre

Mis amigos de toda la vida me llamaban Loli. El director del banco. María de los Dolores. Mi tía, Mari Loli. ¿Qué más da? Todas ellas eran yo.

Volví a entrar en aquel despacho acompañada por Ana, la chica de recepción.

— A ver, quería repasar contigo lo que me contaste la semana pasada

— dijo Julia — Dices que eres de Jaén y quieres buscarte la vida aquí, que has tenido una empresa y que sabes trabajar la flor seca.

— Así es.

— ¿Y por qué has elegido Madrid y no Málaga o Sevilla que están dentro de tu Comunidad Autónoma?

— Porque no quiero Málaga ni Sevilla. Quiero Madrid. Tiene que ser Madrid.

— Está bien. ¿Qué edades tienen tus hijos?

— 12,8 y 3 años la pequeña.

— Hemos pensado mucho en ti desde que viniste la primera vez y nos gustaría proponerte un trabajo.

— ¿Cómo? ¡Dios mío, no lo podía creer!

Un familiar de Julia tenía una empresa de construcción y reformas y buscaban un comercial. En aquel momento era lo que podían ofrecerme. Y, por si fuera poco, me respaldaban para volver a montar mi empresa de arte floral.

Pero en realidad lo que aquellas mujeres me ofrecieron fue más. Mucho más. Siempre les estaré eternamente agradecida. Hablamos tanto aquella mañana que llegó la hora de comer. Mi tren salía a la 17:30. Yo no quería irme. Quería seguir contagiándome de aquel soplo de esperanza que Ana y Julia me daban. Esperé a que acabaran su jornada (total, no tenía nada más que hacer).

— ¿A qué hora sale tu tren? —preguntó Julia.

— A las 17:30.

— ¿Qué vas a hacer ahora?

— Nada. Me daré una vuelta haciendo tiempo.

— ¿Quieres venir a comer con nosotras?

— ¿Cómo? Sí, claro. Claro que quiero.

Nos fuimos a comer al Corte Inglés de Callao. Junto a un enorme ventanal tres mujeres hablando de sueños y historias pasadas. Tres mujeres de nuevo con ganas de vivir y ser amadas.

Allí estaba yo comiendo en Madrid con dos amigas. Aquello que deseé se hizo realidad una semana más tarde. Tras la gran cristalera se divisaba esa gran ciudad que me arrancaba el sueño y me hacía sentir viva. Madrid.

Ana y Julia fueron piezas importantes en aquellos años. Estuvieron a mi lado y siguen viviendo en mí.Una vez, más gracias a todas las personas que hicieron que mi sueño se hiciera realidad.

"Es justamente la posibilidad de realizar un sueño lo que hace que la vida sea interesante"   (Paulo Coelho)

Cada vez tenía más claro que mi sitio estaba allí. Además, siempre buscaba frases para convencerme. Si vivía en Madrid podría ir al teatro, conocer a escritores, gente interesante. Nadie quería llevar mi vida al dedillo como suele pasar en las pequeñas ciudades. Sería una buena manera de romper con el pasado.

Pero siempre aparecía esa tristeza que me hacía olvidar lo bueno de vivir en esa ciudad: mis abuelillos. ¿Cómo dejarlos? Habían sido mi punto de apoyo cuando me quedé sin madre. Y estuvieron ahí en los momentos más difíciles de mi divorcio.

No podía irme. Todavía no. Por mucho que me doliera tenía que renunciar a ello. Pero podía seguir soñando.

Subía a Madrid cada semana y ejercía de comercial de la construcción, pero no obtuve muchos resultados, en realidad y ahora pensando a los lejos aquel trabajo era esa excusa para estar en Madrid, pero no deje de estar con Ana y Julia, nuestra relación siguió adelante por muchos meses y años, y siempre, siempre les daré las gracias por aquella oportunidad que me dieron.

Ana tenia dos hijos de edades parecidas a las de mis dos mayores, eso nos hizo empatizar, a tal punto que nuestros hijos se conocieron e hicimos una familia, y poco a poco sin pensarlo deje de ser una desconocida en Madrid, tenia amigas, el amor, mis hijos y amigos. Pero aun era pronto para dar aquel salto, no me sentía con fuerzas, por lo que iba alargando aquella decisión que en mi interior por la noche veía posible y al amanecer un nuevo día imposible.

Decidí dejar mi actividad profesional, la decoración, y cambiar de sector. Había trabajado 15 años de administrativa. Esa era otra cosa que podía hacer. Volver a reinventarme y buscar otras opciones en mi tierra, tampoco podía estar todas las semanas subiendo a Madrid, económicamente era inviable.

Comencé a buscar anuncios en la prensa local y empecé a llamar. Encontré una agencia matrimonial. La dueña era una mujer con una vida llena de historias para no dormir. Una gran mujer. Se creó una gran afinidad entre ambas.

A lo largo de aquellos años ¿cuantas mujeres encontré en mi camino que andaban como yo?

Mujeres que me ayudaron y que yo ayude de alguna manera, nos servimos de espejo para vernos cada una en la otra.

Una vez más agradecer a cada una de ellas su apoyo, su amistad y su compromiso conmigo.

Viví de muy de cerca las historias de emparejamiento de muchas personas. Algunas de ella muy cómicas, pero todas con un elemento común: la búsqueda del amor.

Está claro que el amor mueve montañas. Podemos poseer más o menos dinero, más o menos salud, pero sin poseer amor no poseemos nada.

"El ser humano puede soportar una semana de sed, dos semanas de hambre, muchos años sin techo, pero no puede soportar la soledad"   (Paulo Coelho)

¡Bueno, ya lo tenía todo! Tenía trabajo en Jaén. Mi ex-marido estaba cerca, pero se mantenía medianamente al margen. Mis hijos habían cambiado de colegio y estaban felices. Estando así las cosas yo no tenía porque sentirme mal.

Pero lo estaba. Me sentía como un pájaro sin alas. Me levantaba cada día para ir a la agencia sin muchas ganas y me acostaba a altas horas de la madrugada.

Algo había cambiado en mí. ¿Sueños? Seguían estando ahí, pero difuminados. Algo no iba bien.

Aquellos desayunos con mis amigas fueron disminuyendo. Una de ellas no quiso esperar más para coger las riendas de su destino y un buen día decidió cambiar ese mar de olivos por un mar salado. Así solo quedamos dos en aquellos matutinos cafés.

Creo que las tres teníamos claro que no íbamos a salir adelante si nos quedábamos allí. Solo era cuestión de tiempo.

Recuerdo que cuando me dirigía a la Alameda donde solía aparcar mi coche buscaba señales. Del tipo de "si me encuentro a alguien que no veo desde hace más de un año significa que debo irme a Madrid". "Si recibo dinero extra y me da para vivir unos meses en Madrid significa que debo irme…

Cada mañana repetía el mismo ritual y curiosamente encontraba señales, incluso en el aspecto económico.

Pero seguía diciéndome a mí misma que no era el momento. "Sé coherente. No puedes hacerlo. Piensa en tus hijos...

Cuando nos duele la cabeza nos tomamos una pastilla. En realidad, nuestro cerebro esta llamando nuestra atención porque algo no va bien, pero nosotros acallamos el aviso con un paracetamol. Os dejo esta frase. Analizadla:

"¡No digas no puedo ni en broma, porque el inconsciente no tiene sentido del humor. Lo tomará en serio y te lo recordará cada vez que lo intentes!"

(Facundo Cabral)

Un nuevo año comenzaba. 2005. Mi tía abuela Carmela estaba en una residencia. Mi tío Manuel, mi padre y yo nos turnábamos para que no estuviera sola, era la única mujer de mi infancia que seguía a mi lado y me dolía mucho pensar que su viaje estaba cercano. Se me partía el alma. Intentaba verla cada día.

Mi vida seguía con algún que otro altibajo emocional. Seguía con mis consultas de psicología y me ayudaban bastante.

Ya había abandonado la idea de irme a Madrid. ¿Qué tontería era aquella? ¿Qué se me había perdido a mí allí?

"Si quiero ir a Madrid sólo tengo que coger un tren y pasar allí un fin de semana. Así no involucro a ninguno de los míos". Eso me decía constantemente. Pero estaba claro que no era del todo feliz. Necesitaba que ocurriera algo que me hiciera enfrentarme de nuevo con mi destino.

Se acercaba el cumpleaños de mi hija pequeña. Cumplía 5 añitos. La semana anterior me había hecho un chequeo ginecológico. Pura rutina. Aquel día me encontraba comprando algunos globos con una amiga cuando me llamaron al móvil. ¡Mi ginecólogo! Cuando vi su llamada me quedé petrificada.

¿Se habría equivocado?, ¿qué quería?

— ¿Dolores? Soy Don Amador. Necesito que pases por la consulta para hacerte una prueba lo antes posible.

—Pero, Don Amador, ¿Qué ha visto?

— No te preocupes. Es solo para descartar cosas mayores.

La vida volvía a darme un jaque mate. Sentí una vuelta en el estómago y un temblor de piernas. Ahora que parecía que todo iba cobrando forma… Ya había decidió seguir en mi tierra, abandonar los sueños locos que no llevarían a nada. Y ahora otra vez una nueva batalla. De vuelta a verme en la encrucijada.

A veces me daba la sensación de que alguien no quería que levantara cabeza. Algún ente o algo parecido. Tonterías que uno piensa cuando la verdad es que nosotros somos responsables de nuestro pensamiento. Y nuestros pensamientos son muy poderosos. Para bien o para mal.

Yo no iba a desaprovechar ese bonito día celebrando el cumpleaños de mi pequeña. ¡Ya lo pensaría mañana! Hoy quería ser feliz sin pensar y confiando en que aquellas nuevas pruebas no dieran positivo en algo irremediable.

Fue inevitable. Escuché de aquel doctor de aspecto serio y brusco el veredicto que no quería oír. Me acompañaba como siempre mi amiga Ana. Esa amiga que siempre está y que no necesitas llamar cada día porque sabes que siempre acudirá a tu lado a la voz de alarma.

Cuando entre a la consulta, me temblaban las piernas, tenia mucho miedo, iban a hacerme una biopsia, de pronto empecé a llorar, le dije a Ana que me diera su mano, que no me dejara, mientras le preguntaba ¿porque a mi?

— Tiene usted cáncer de útero.

No sé lo que sentí realmente en ese momento. Me negaba a que aquello fuera verdad. No podía ser. Me merecía ser feliz.

¡Dios, como recuerdo la mirada de mi amiga! Aunque intentaba disimular su tristeza con frases de esperanza, no podía esconder aquel brillo aterrador de toda persona que escucha la palabra cáncer que anticipa un final fatal.

¡Qué días tan duros! ¡Cuánta tristeza me acompañaba! Miraba a mis hijos preocupándome por su futuro. Pero aún tenía esperanza de que aquella operación saliera bien. De que no fuera demasiado tarde.

No quería que ellos perdieran a su madre como me ocurrió a mí. Nadie mejor que yo sabía lo importante de mi presencia en sus vidas.

Pasaba largas noches buscando por Internet artículos referidos a mi enfermedad. Los mejores médicos oncológicos, las mejores clínicas, el mejor diagnostico…

Mi más leal compañera, aquella que tenía sabiduría y conocimiento de causa, ya no estaba para entablar una conversación conmigo. Mi tía abuela Carmela había sido en los últimos años mi mejor amiga.

A pesar de sus 90 años sabía comprender todo cuanto me ocurría. Hablar con ella era hablar conmigo misma. Pero en esta ocasión no podría contar con sus consejos. Solo recordar los que ya me había dado. Su estado de salud había empeorado y solo me quedaba prepararme para su adiós.

"Siempre sales adelante". Esa es una de las frases que más recodaba de ella. "Eres fuerte, saldrás". Y era curioso como ese "eres fuerte" se iba repitiendo cada vez más en boca de mis amigos.

Sí. Era fuerte, pero tenía miedo. Miedo a que esta vez perdiera. No tenía más remedio que aceptar mi situación y tener presente que no estaba dada la última palabra.

Llegó a mis manos el libro de Louise Hay "El poder está dentro de ti". El poder de las afirmaciones.

Y una de las frases que me hicieron tomar conciencia fue esta:

"Si echamos la culpa de lo que nos pasa a alguien o algo externo, estamos regalando nuestro poder. Si escogemos el papel de víctima, lo que hacemos es usar nuestro poder personal para ser impotentes".

Así era. Debía dejar de buscar un culpable. No existía ningún ente maléfico que quisiera mi destrucción ni nadie externo a mi vida. Nuestro cuerpo tiene muchas formas de comunicarse con nosotros.

Pasé varias pruebas médicas. Biopsias para conocer la

intensidad del tumor. Investigué un poco sobre la clínica.

"MD Anderson" era una de las mejores clínicas oncológicas en aquellos años. Pedí cita para una segunda opinión. En aquel momento no era consciente de que todo cuanto hacía en mi vida. Iba en dirección a Madrid,

No es que no existieran otros centros reconocidos en el resto de España. Simplemente yo siempre buscaba en la misma dirección. Al igual que el internado de mi hijo un año antes. Claro que había otros internados más cerca, pero ¿dónde buscaba?

Aún así seguía callando a mi corazón y mi mente seguía diciendo "quédate donde estás".

Pedí otra opinión, que resultó ser igual a la que recibí en Jaén.

Decidí operarme en Madrid y fijamos la fecha para el dos de junio ya que una semana antes mi hija mediana haría la primera comunión. Pasaría un mes en Madrid para que pudieran seguir mi evolución. Alquilé un apartamento en la calle Santa Engracia. Nuevamente lo volvía a tener todo controlado y decidido.

La semana anterior a la comunión de mi hija, mi tía abuela Carmela murió. La mujer que había sido como mi segunda madre se iba para vivir solo en mi corazón. Ya solo me quedaba mi padre y mi tío.

Estaba en un periodo de pérdidas, y de cambios, ya nada

seria igual en mi vida, ningún domingo seria igual, cuando esperaba a mis tíos para comer todos juntos, ella ya no estaría, ni sus consejos ni el apoyo que siempre recibí de ella, y lo que mas iba a echar de menos era su sonrisa.

Fue el día 13 de mayo cuando su vida se apagó, el día de la Virgen de Fátima, curiosamente cuando llegaba este día, la recuerdo siempre cantando la canción que hacia referencia a la aparición de la Virgen de Fátima en Cova de Iría (Portugal) y tal vez por eso la virgen le concedió estar con ella ese día.

Estaba comprándome una chaqueta en Zara con Alba, cuando me sonó el móvil y mi padre me dijo que estaba muy malita, que me pasara por la residencia, justo estaba cerca así que fui, al entrar al aparcamiento de la residencia una señora se me acercó, me preguntó si trabajaba allí, le comenté que no, y que no tenia tiempo de atenderla porque tenia un familiar bastante malo, me dio una tarjeta por si necesitaba sus servicios, era de una funeraria, la guardé en el bolso, sin saber que iba a necesitar aquella tarjeta casi en el momento.

Cuando entré en la habitación vi su cuerpo cubierto con una sábana, acababa de fallecer. Me quedé inmóvil, sin decir nada, una monja de la residencia se me acercó a darme el pésame, yo la traté con un tono brusco, y lo único que hice fue preguntarle

— ¿porque había muerto?

— Lo siento mucho muchacha — me dijo con indiferencia.

—¿lo siente? ¿que va usted a sentir? ¿puede decirme de que ha muerto mi tía?

Ella ya estaba malita su cabeza no andaba bien   — me contesto con voz baja.

Y yo con genio le contestes:

—¿Su cabeza? nadie se muere por tener mal la cabeza

Cargue aquella tristeza y desesperación con aquella monja.

Tranquilízate muchacha, te están esperando para hacer la documentación del fallecimiento.

Llamé a mi tío, ¿como iba yo a ocuparme de los tramites del entierro? no tenía ni idea, mi tío por aquellos días tenía problemas de movilidad, porque le habían amputado el dedo de un pie y le costaba trabajo andar, mi padre antes de que falleciera mi tía se fue al pueblo para avisar a los familiares de la situación, por lo que estaba sola, enseguida me llamó mi amigo Enrique, el conocía muy bien a mi tía porque era su vecina, y su madre y mi tía compartían muchas tardes de charlas, eran amigas. Al oír su voz, me tranquilicé, le dije lo que había pasado los dos lloramos y no habían pasado ni quince minutos cuando ya estaba en la residencia conmigo, llamé a mi hermano también, que no tardo en llegar.

Juntos nos llevaron a una sala para elegir el ataúd, rellenar los documentos para aquel adiós, allí estaba yo sin tener ni idea esperando que mi tío o mi padre llegaran para ayudarme, pero ninguno vino, solo mi hermano, Enrique y yo estábamos para arreglar todo, elegir ataúd, lapida, y el vestido para su ultimo evento.

Fue muy triste, cuando todo acabó, le di mi ultimo beso, nunca olvidare aquella sensación, sentí el frio de su cara en mis labios. Y la certeza de que ella ya no estaba allí, solo estaba su cuerpo, pero ella por fin era libre, ya no tendría que cuidar a nadie, ahora seria ELLA.

Siempre vivirá en mi, gracias, tía Carmela por tanto amor.

Se acercaba el día de la operación, tenia que irme a Madrid, despedirme de los míos, aun tenia el alma rota por la pérdida de mi tía Carmela, una mezcla de sentimientos se agolpaban en mi, el recuerdo de mi madre, ¡Cuánto la necesitaba!, la ausencia de tantas cosas que deje atrás conforme iba viviendo.

Vamos viviendo, ganamos y perdemos, aunque todo forme parte de esto que llamamos vida.

Me despedí de mi tío y de mi padre, de mis amigos y de mis hijos, que fundí en un fuerte abrazo rodeando con mi brazos a los tres, y si mirar hacia atrás, me metí en el coche rumbo a Madrid.

Aquel viaje no era el mismo que el que había hecho en semanas y meses anteriores, aquel viaje era diferente, no iba a buscar nada, si no a cuidarme la vida, a luchar para seguir adelante, sola pero fuerte.

Subí a Madrid el lunes antes de mi operación. Quería aprovechar para pasear tranquilamente por Madrid y estar a lado de la persona de la que estaba enamorada. Ir a Tirso de Molina y sentir las canciones de Sabina en todo su esplendor. Siempre en mis viajes me acompañaba mi vieja carpeta llena de escritos y poemas. Me sentía extraña en aquella casa tan fría decorada al más puro estilo Ikea.

Empecé a ordenar y repasar tantos poemas y relatos escritos a lo largo de los años. Entre ellos encontré aquella carta que escribí a Joaquín Sabina. Yo, siempre soñadora y adicta al destino y las señales, pensé que aquello estaba allí para algo.

Esperé a que mi amiga llegara a Madrid y fuimos a Relatores, la calle donde vivía el maestro. El camino hacía allí era fácil. "Próxima estación: Tirso de Molina", se escuchó en la megafonía del metro.

No sabíamos con certeza donde se encontraba la calle. Solo nos habían dicho que se encontraba cerca de dicha plaza, una calle pequeña, pero ¿dónde llamar?

Todos los edificios a derecha e izquierda estaban cerrados con sus correspondientes porteros automáticos. No era cuestión de llamar uno por uno preguntando "¿Vive aquí Joaquín Sabina?". ¡Qué disparate! Nos tomarían por idiotas o descerebradas.

A mitad de la calle había un videoclub y entramos en él. La chica del mostrador tenía los cascos puestos escuchando música. Tuvo que alzar la mirada para descubrir nuestra presencia allí.

— Buenas tardes. ¿En qué puedo ayudaros?

Mi amiga y yo nos miramos a los ojos. Un silencio envolvió aquella pegunta. ¿Qué íbamos a decirle?

— ¿Conoces a Joaquín Sabina? —Por Dios ¿qué locura era aquella? —.

Pero por otro lado pensé que tal vez estaba allí la solución y la forma de hacer llegar aquella carta por fin a su destinatario.

— Pues verás, —dije con voz baja—No te rías por lo que voy a decirte. ¿Sabes si en esta calle vive Joaquín Sabina?

Aún recuerdo su mirada.

— No voy a reírme, —dijo— Mira.

Quitándose los casco hizo que la música que estaba escuchando sonara en todo el local. ¡Era una canción de Sabina! A decir verdad, no recuerdo muy bien cuál.

— Resulta —proseguí— que este jueves entro en un quirófano para operarme y hace tiempo escribí una carta a Joaquín. Nos han dicho que vive por aquí y nos gustaría hacérsela llegar. ¿Sabes si alguien pudiera ayudarme?

Se levantó dejando los cascos sobre el mostrador y avanzó sobre mí.

— Yo no sé donde vive, pero sí sé quién lo sabe y puede haceros este favor. Se trata de mi jefe. Esperad un momento.

El pulso de mi corazón se iba acelerando. No podía creer que estuviera allí hablando con una desconocida que iba hacer realidad uno de mis sueños.

Salió un chico rubio muy aparente. Su español no era muy bueno. La chica le explicó nuestro deseo y él dijo que se la haría llegar. Me dio un papel en blanco e insistió en que pusiera mi teléfono o correo electrónico para dárselo a Joaquín.

Como pude, con aquel tembleque de manos que me caracterizaba por aquellos años, escribí mis datos y vi como aquel chico de apariencia dulce y comprensiva bajaba la calle Relatores en dirección a Tirso de Molina,

Lloré de emoción. Daba igual que se la diera o no. Yo acababa de hacer algo que creía imposible hace unos años.

La Plaza de Tirso de Molina tenía un aroma especial. Había ido muchas veces a la Casa de Granada donde se aprecia desde su terraza el teatro. Yo miraba cada una de las ventanas que había enfrente pensando que en alguna de ellas estaría Joaquín. Ya no estaba tan asustada por mi pronta operación. ¡Qué tarde tan mágica! Me hice una promesa de hacerle llegar esa carta y tenía la confianza de que fue así.

"Usted es un imán viviente. Lo que atraes a tu vida está en armonía con tus pensamientos dominantes" (Brian Tracy)

Llegó el día de la operación. Creo que esas horas de angustia que sirven de antesala a la entrada a quirófano son las más agonizantes.

En mi cabeza no podía tener más que la imagen de mis hijos. Estaba sola en aquella clínica tan solo con una amiga. Tenía mucho miedo. Mi cabeza parecía como un proyector de cine donde iban sucediéndose imágenes del pasado desde mi niñez a mi edad madura. Secuencias de las personas que más influyeron al largo de los años. Y mis hijos. Iba recordando sus caritas desde su nacimiento, sus primeras palabras… No quería llorar, pero no podía impedir que las lágrimas rodaran por mi mejilla.

¿Qué pasaría si aquello era el fin?

Me rodeaban todas esas peguntas que te asaltan cuando dejas tu vida en manos de Dios. Cogida en mi mano estaba la estampa de "El Abuelo" Jesús Nazareno, al que desde pequeña iba a rezar junto a mi abuela. Aquello me unía a mi tierra.

Me llevaron hacia el quirófano en una silla de ruedas,

me cogía de la mano Casi, pronto llego Ana, Julia y María, aquellas mujeres que conocía a mi llegada a Madrid, mis amigas madrileñas.

Sus ánimos y su cariño me ayudaban, pero cuando sentí como el enfermero me llamaba por mi nombre no pude contenerme las lágrimas, ¿y si aquel era el ultimo abrazo? ¿y si algo salía mal en la operación?, ¿y si aquella era el final de mi historia? Creo que todas las personas cuando vamos a entrar a un quirófano tenemos ese miedo y esas preguntas.

Me revelaba al pensar que ese seria mi final, no seria justo, porque justo era en ese momento de mi vida cuando empezaba a vivir, a sentirme querida, a ser yo, y no podía acabar así.

Con la confianza ciega en aquel doctor, poco a poco fui cerrando mis ojos.

No sé si bajo la influencia de la anestesia o en esos momentos poco antes de despertar sentía una fuerte presión en mi vientre, como si me cosieran en vivo. Quería despertarme y no podía. Sentía como si alguien apretara su peso sobre mí. Escuchaba hablar a mi alrededor y poco a poco fui volviendo de aquel profundo sueño.

La mirada de aquel gran doctor y ser humano fue lo primero que vi al abrir mis ojos. Despúes las caras de aquellas amigas madrileñas que conocí en el instituto de la mujer. Ana, Julia, María, Casi. Y como no la visita de mis tíos y mi primo Lorenzo.

Estaba como en una nube. Todo pasaba tan deprisa y a la vez tan lento que los recuerdos de aquella tarde están difuminados en mi mente.

Estuve sedada prácticamente todo el tiempo, como me dijo mi buen doctor, para que no sintiera ningún tipo de molestia o dolor. Esa fue su promesa junto con la de dejarme una bonita cicatriz que no se apreciara. Cumplió ambas promesas.

Muchas veces buscamos ángeles en el cielo cuando muchos están en la tierra y se cruzan por nuestra vida, aunque no podamos apreciar sus alas.

Los días de mi convalecencia fueron pasando y tenía la obligación de pasear unas horas cada día para ir restableciéndome poco a poco y hacer una vida normal. Me costaba horrores levantarme de la cama. Tenían que tirar de mis dos brazos para poder incorporarme. En aquellos paseos por la calle Raimundo Fernández Villaverde me acompañaba el drenaje que me habían dejado puesto y al que yo cariñosamente llamaba "Bobby".

Pasar aquellos días en aquella casa que no era ni sentía mía fue duro. Una ciudad que amaba, pero a la que no pertenecía. Un amor imposible que me daba ilusión y vida, pero como he dicho, imposible.

Cada tarde bajando desde Cuatro Caminos iba haciendo algo parecido a un examen de conciencia de mi propia existencia. Quería y necesitaba saber una vez más en qué parte de mi camino me encontraba. Los sueños por sí mismos no eran suficientes. Los sueños "sueños son", como decía Calderón.

La vida nos enfrenta continuamente a cambios y esos cambios son inevitables. Pero la vida es cambio. O te adaptas a ellos o te quedas en el bordillo.

Oí a una gran mujer decir una vez "si apuntas a las estrellas le darás a la farola; si apuntas a la farola le darás al bordillo, pero si apuntas a la luna le darás a las estrellas".

Y yo quería apuntar a la luna. Quería ser parte de esa ciudad. Quería correr cada día para no perder el metro. Quería hacer posible mi amor imposible.

Siempre me gustaron las grandes hazañas. No soy una persona que le guste lo fácil. Eran los grandes retos los que hacían que me sintiera viva. La vida me estaba dando una segunda oportunidad y no creo que tengamos otra vida. Era en ese preciso momento, allí, donde una vez más esa vida me paraba en seco y pretendía que la escuchara.

Saber lo que quieres es lo más fácil y difícil a la vez porque todos y cada uno de nosotros sabemos lo que no queremos, pero por desgracia no todos tenemos la fuerza o visión para ver lo que en realidad deseamos.

En aquellos largos paseos iba observando cada detalle

que acontecía a mí alrededor. Al llegar al parque y ver jugando a los pequeños me hacía echar de menos a mis hijos. Mi pequeña tenía cinco añitos, nueve la mediana y catorce mi hijo mayor. Contaba los días para que me dieran el alta y volver a Jaén para abrazarlos y reír con ellos. Jaén era mi ciudad, y no podía dejar de amarla, pero necesitaba echarla de menos.

Una vez más era consciente de lo que quería. Quería una nueva vida, cortar por lo sano con mi pasado, nada de culpa tenía mi ciudad, pero para mí era el mismo escenario, quería sentirme libre, empezar de cero, ser YO, y vivir el amor y Madrid me daba todo aquello que yo buscaba. Ahora tendría que preguntarme a mí misma ¿Cómo lo haría? ¿Cuándo lo haría? ¿Qué ganaría? ¿Qué perdería? Si encontraba respuesta a cada una de esas preguntas mi mapa estaría trazado.

Ya quedaban pocos días para mi vuelta a Jaén. Antes tenía que volver a pasar por el hospital y que me quitaran a "Bobby", el drenaje. Aquel compañero que formaba parte de mí.

Las llamadas de mis amigos y familiares me hacían sentirme querida. Mi primito Lorenzo siempre me visitaba algún día que otro. Mi amor imposible no me dejó en ningún momento. Por aquella fecha mi primo Lorenzo trabajaba en el programa "La Hora Wiki" de Canal Plus, presentado por Raquel Sánchez Silva y Nico Abad.

Una tarde recibí una llamada suya. — ¿Qué tal primita? ¿Cómo te encuentras hoy?

— ¡Bien! ¡Siempre estoy bien cuando me llamas! —respondí entre risas—.

— ¿Te apetece ir a la presentación de un libro? — Claro —dije con alegría—.

— Bueno, a ver, a lo mejor no te gusta el autor.

— ¿Y por qué no me va a gustar? ¿Quién es? — Mira, mejor te digo el título y tú decides.

— Venga vale, dime el título.

— "Esta boca es mía"

¡Ostras! Di un salto y el corazón se me salía, ¡Joaquín Sabina! No paraba de moverme por el salón de la casa.

— ¡Dios, no me lo puedo creer! —oía las risa de mi primo al otro lado del teléfono— ¿Entiendo eso como un sí?

— ¡Claro, voy de cabeza! Además, ya no tengo a "Bobby" —dije entre risas compartidas.

— Ok, Me paso mañana y te dejo la invitación.

No podía creer que iba a acudir a la presentación de un libro de Sabina. Ya había asistido a una en el Hospital San Juan de Dios en Jaén donde también estaba junto a el escritor Benjamín Prado.

El lugar elegido para dicha presentación era Casa Patas. Tenía tanta ilusión que empecé a llamar a mis amigos para contárselo.

Casa Patas es una taberna-restaurante y un tablao flamenco situado en el centro de Madrid que está considerado como un punto de referencia del mundo del flamenco.

Como si de un gran acontecimiento se tratara, preparé mis mejores galas y junto con mi pareja fuimos a la calle Cañizares. Si alguien en aquel momento me hubiera dicho que aquel lugar donde jamás había estado iba a ser un constante en mi día a día le hubiera tratado de chalado.

Creo que me va a ser imposible transmitir cómo me sentía interiormente al oír tan de cerca su oratoria y su recitar de versos satíricos. Visionaba mi imagen desde fuera con los ojos clavados en aquel estrado que presidía junto a Almudena Grandes. Mi pareja no dejaba de mirarme y sonreír al ver la felicidad que brotaba por todos mis sentidos.

Cuando llegó el momento de la firma de libros a los pocos que estábamos allí reunidos me acerqué a él. Me preguntó mi nombre y me dijo "¿Cómo estás?". Supo que yo era la persona que le había hecho llegar aquella carta y me hizo una invitación para que siguiera escribiendo. Y allí estaba yo tomando una copa con escritores y periodistas, conversando con gente que no conocía y a otros que admiraba y con aquel magnífico anfitrión.

Han pasado dieciséis años de aquello y aún hoy al recordarlo puedo sentir la misma admiración y respeto que sentí al estar tan cerca de aquel hombre que tanto había inspirado en mí el amor por esta ciudad que hoy es mía y de la cual formo parte.

Y una vez más la vida me daba aquella lección de que los sueños se cumplen y que lo imposible se hace posible si realmente lo deseamos y nos ponemos en movimiento.

Llegó el momento de volver a Jaén para estar con los míos y plantear a mis pequeños mi idea de vivir en Madrid.

He tenido la suerte de traer al mundo unas grandes personas que desde pequeños contaban con grandes valores y tal vez con la suficiente madurez que a esos pocos años se puede tener.

Como dije al principio al hablar de ellos, siempre hemos sido cuatro tripulantes y todos capitanes. Hasta las decisiones más importantes las hemos tomados juntos.

Comencé a buscar una casa por las afueras de Madrid. Me daba un poco de miedo que el cambio de una pequeña ciudad a una gran urbe como Madrid influyera demasiado en ellos.

En principio busqué por Las Rozas, pero nada de lo que veía me gustaba. Debía tener en cuenta muchos factores: situación, colegios, autobuses…

Por fin encontré la casa que me estaba esperando. He escrito "me estaba esperando" porque creo que, al igual que hay personas que están destinadas para estar juntas, también hay lugares y viviendas que están esperando su inquilino ideal.

Busqué colegio para mis hijos y empezó la aventura. El lugar elegido fue Majadahonda. Todo esto con el beneplácito de mi padre y mí tío Manuel, que siempre estaban para ayudarme y animarme a que siguiera mi camino. Recuerdo que cuando le dije a mi tío mi intención de irme a Madrid, me dijo "Adelante. Y si te equivocas te vuelves y aquí no ha pasado nada"

Con razón asegura el refrán que "Más sabe el diablo por viejo que por diablo". Me mudé definitivamente en el mes de octubre. El piso no tenía más muebles que los imprescindibles. Inevitablemente todos de Ikea.

Contaba con un dinero para poder subsistir los primeros meses. Si en ese periodo no encontraba trabajo, me volvería a Jaén. Una de las tareas más difícil para

mi, fue buscar el colegio de mis hijos, una cosa era pensar en vivir en Madrid, idealizar aquella épica hazaña y otra muy distinta encontrarte en ese punto sin retorno.

Aun eran pequeños y no sabia de que manera les estaba afectando aquel cambio, aunque mi hijo ya estaba acostumbrado a vivir en Madrid desde hacia meses, para mis pequeñas iba a ser, o al menos yo así lo pensaba algo más duro.

Nada más lejos de la realidad, para quien iba a ser más duro, era para mi.

El colegio que me asignaron por la Comunidad de Madrid, no se parecía en nada al colegio donde estaban mis hijas en Jaén, no era mejor ni peor, era diferente, al igual que las madres que dejaban a sus hijos en el.

Tenia que acostumbrarme a aquella nueva realidad.

Cuando las dejé los primeros día en el colegio, iba la calle abajo con un nudo en mi garganta, aquella ciudad tan nueva para mi iba a ser mi nueva ciudad durante al menos unos meses, y aunque la sensación de culpa asomaba a mi mente día si y día no, hoy diecisiete años después puedo decir, que fue la mejor decisión que tomé, tanto para mí, como para mis hijos, y que Majadahonda tiene todo lo que soñé.

Era curioso. Durante todo el proceso, el miedo había brillado por su ausencia, pero parecía que, al verme allí ya metida dentro de aquella vorágine que creía imposible, el miedo quería expresarse con fuerza dentro de mí. Miedo a equivocarme. Miedo a no encontrar trabajo. Miedo a la soledad. Miedo a que mis hijos no fueran felices. Todo era miedo.

Pero ¿qué es realmente el miedo? Sí. Sabemos que es una emoción, pero ¿cómo afecta a nuestro pensamiento?

El simple hecho de vivir ya conlleva miedo. Es una emoción que está presente en nuestras vidas más del setenta por ciento en nuestro pensamiento. Gestionar ese miedo, muchas veces o casi siempre generado por nuestras creencias, es parte de nuestra batalla diaria.

"La emoción más antigua e intensa de la humanidad es el miedo. Y el más antiguo e intenso de los miedos es el miedo a lo desconocido"   (Howard Phillips Lovecraft)

No fueron días muy alegres. Echaba de menos a mi familia y a mis amigos. Acostumbrada a salir por Jaén y compartir siempre desayuno con alguno de ellos y verme sola cuando dejaba a mis hijos en los colegios no fue fácil. Pero bueno ¡ya estaba donde quería! Ahora había que buscar trabajo y, como decía mi padre, "salir adelante".

Los dos primeros meses se hicieron eternos y contaba los días para que llegara Navidad y volver por unas semanas a mi casa de Jaén. Había empezado a mover curriculums en algunas floristerías de la ciudad, pero no me llamaban. O si lo hacían, el sueldo era demasiado bajo para poder pagar el alquiler. El dinero que tenía ahorrado iba disminuyendo...

Ya se acercaba el tercer mes y no había avanzado mucho. Así que me empecé a plantearme la idea de volver. No encontraría mucho problema al hacerlo ya que deje todo preparado por si llegara el momento de la retirada.

Me gustaba la casa donde vivía porque tenía una terraza que no era muy grande pero tampoco pequeña, daba a la piscina de la urbanización. Había grandes árboles y arizonicas. Se respiraba paz. Tampoco tenía mucho que limpiar porque casi no tenía muebles. Mi salón lo formaba un sofá, una mesa con 4 sillas y una pequeña tele para que mi peque viera los dibujos.

Ese era mi reino. Y era perfecto. No necesitaba más. No me importaba no tener un gran salón con muebles de Hurtado ni unos cortinajes de Gastón y Daniela. Nada de eso me era necesario. Era feliz, pero sobre todo me sentía libre.

Compraba los periódicos del día, la revista "Emprendedores", "Expansión", etc. Todo lo que pudiera darme una idea o la oportunidad de optar a un puesto de trabajo. Nada daba resultado. Era evidente que se acercaba el momento de volver.

Como cada mañana dejé a mis pequeñas en el colegio, de camino a mi nueva casa, iba observando el paisaje, intentando familiarizarme con el, con aquella nueva realidad. Solo la melancolía llegaba a mi, cuando pasaba por una cafetería y veía a mujeres compartiendo un café, entonces echaba enormemente de menos a mis amigas y a todo lo que dejé en Jaén.

Aun me costaba diferenciar las llaves del portal y del piso, en mi torpeza se me cayeron al suelo, una puerta se abrió, era mi vecina, que yo aun no conocía, se presentó y me dio la bienvenida, ofreciéndome su hospitalidad si la necesitaba en alguna ocasión.

Aquello me hizo sentirme algo mas querida, como si fuera creando un nuevo ciclo de amistad, entre a mi casa con más alegría, me puse un café y mirando el jardín de la urbanización me puse a buscar aquel motivo para no volver a Jaén.

Hojeando las páginas amarillas encontré la Asociación de Floristas. No tenía ni idea de que existiera tal asociación. Así que llamé y pregunté por un empleo o, en el peor de los casos, traspasos de alguna floristería o negocio floral.

Me dieron varias direcciones de floristerías en las que necesitaban personal y el traspaso de una floristería en el centro de Madrid. Tomé nota de todo y empecé a llamar. Dada mi situación financiera era mejor empezar por buscar un empleo. Pero claro, yo tampoco estaba muy acostumbrada a ser empleada así que ¿por qué no empezar llamando al traspaso?

Hablé con un señor que, a tenor de su voz, parecía mayor. Me dio la dirección y al día siguiente fui a verla.

Y fue aquí, justo en ese momento, donde mi vida empezaría un gran capítulo que sería primordial para llevarme hasta donde estoy ahora. Aquella llamada cambiaría mi vida para siempre.

Quedé a las 12:30 en la calle San Sebastián. Tenía que preguntar por don Tomás.

Allí me dirigí sin saber muy bien que iba a encontrarme.

Aún no sabía moverme bien por Madrid. Fui en metro

hasta Atocha y subí dicha calle siguiendo las indicaciones que me había dado don Tomás para llegar hasta la floristería. Me sentía pequeña, muy pequeña, y a la vez grande. Como una buscadora que lucha por encontrar su camino. Y estaba convencida de que, de una manera u otra, lo iba a encontrar.

Iba acercándome a mi destino con los típicos pensamientos limitantes que me decían que allí tampoco encontraría lo que estaba buscando. No tenía una situación económica muy buena como para poder pagar un traspaso por pequeño que fuera, pero tampoco perdía nada por ver el local. Nunca me ha gustado decir que no a las cosas sin tan siquiera verlas.

Llegué a una iglesia casi al final de la calle Atocha. Esa era la iglesia que me habían indicado. En la esquina estaría la floristería.

Mi pasos pararon en seco. Ante mí se abría un pequeño camino de piedra presidido por un gran olivo. Una puerta de madera con una antigua celosía de cristal y un jardín rústico con plantas algo deterioradas. Entre las cristalera podía ver la figura de un señor elegante de edad madura sentado tras una mesa de madera. Al abrir la puerta el sonido de una campanilla avisa de mi llegada aquel señor.

— Buenas tardes… Había quedado con don. Tomás para ver la floristería.

— Sí, soy yo. ¿Eres María Dolores?

— Sí —respondí—.

. Colgaban de unas vigas de madera unos grandes calderos de cobre. El mobiliario sería de principios del siglo XX. Un gran arcón tallado, jarrones antiguos. Sujetaban aquella peculiar edificación unas columnas de hierro pintadas en verde. Las paredes todas de cristal, así como pequeñas ventanitas al exterior pintadas en el mismo color.

Mi corazón iba latiendo deprisa al ver aquello. El olor a flor cortada, unos cuadros antiguos de fotos de la familia de aquel señor. Eran propietarios de aquel lugar desde 1880.

El local había pasado de generación en generación. Una gran celosía también de madera daba paso a un pequeño invernadero con una fuente de piedra en la pared y una pequeña trastienda que comunicaba por una de sus puertas con la iglesia de San Sebastián.

No podía creerme que aquel lugar existiera. Su magia iba impregnándose en mi y mi corazón se aceleraba al ver tanta belleza. Quería quedarme allí. Era como haber llegado por fin a ese sitio que lleva mucho tiempo esperándote.

Pasamos a la iglesia de San Sebastián. Don Tomás iba contándome la historia de aquel lugar y su tradición familiar, pero yo tenía una conversación interna conmigo misma. Sentí que aquel era ese lugar. Mi lugar había llegado por fin.

Como buena amante de las señales, buscaba algo que me indicara que efectivamente ese era mi sitio. Por una vez aposté con el destino y me dije "si veo alguna imagen o cualquier objeto que relacione este lugar con mi tierra, este es mi sitio y aquí he de quedarme"

Y viendo ese gran templo buscaba alguna imagen que tuviera esa conexión con mi tierra natal.

Iba perdiendo mi sonrisa. No hallaba nada que así lo indicara. Entramos a la sacristía. Había un cuadro que me había pasado desapercibido. Fue don Ricardo, el sacerdote de la iglesia, quien me hizo la advertencia.

— Fíjate, aquí tienes a Fernando III el Santo, quien conquisto Jaén.

¿Acaso don Ricardo sabía que había pedido aquella señal o fue casualidad? ¿Las casualidades existen?

"No existe la casualidad y lo que se nos presenta como azar surge de las fuentes más profundas".

(Friedrich Schiller)

El precio del traspaso era algo elevado. Bastante elevado de hecho. Se trataba de la floristería más antigua de Madrid, con una gran historia. Eso, además de su edificación, la hacía algo único en la ciudad.

Al salir me quedé mirando aquel gran olivo que reinaba en el jardín y pensé "¿Y para qué busco algo que me relacione con mi ciudad si hay un olivo a la entrada?"

Sonreí y me despedí de aquel señor tan agradable. Me hizo saber que había otra persona interesada en el local y que estaba esperando su contestación. Si era afirmativa, sería ella la que lo regentara.

Salí convencida de que aquel sitio me estaba esperando a mí. Era algo que sentía y no pensaba ni tan siquiera en el elevado precio que me pedían.

No había girado la esquina cuando llame a Pablo. Pablo trabajaba en el banco y era mi asesor personal, conocido de la familia y amigo.

— Pablo, acabo de ver el lugar más maravilloso que podía imaginar. Quiero esa floristería. No sé cómo, pero la quiero. ¿Podría hipotecar mi casa? Míralo. Haz lo que puedas ¡pero quiero esa floristería para mi!

Y fue desde ese momento cuando empezó una lucha por conseguir aquel emblemático lugar.

Bajaba la calle Atocha convencida de que por fin había encontrado mi sitio. Ni siquiera pensaba en su viabilidad como negocio ni en la inversión que necesitaba. Solo veía un lugar con el que me identificaba totalmente y que era como un retrato de mi interior.

Cuando se emprende un negocio debemos tener el equilibrio entre corazón y mente. Las personas emprendedoras creemos tanto en nuestros proyectos que nos dejamos algunas veces arrastrar por nuestros propios sueños e idealizamos aquella idea de negocio. Eso es positivo ya que se necesita pasión, motivación y constancia, pero asegurando la existencia un equilibrio entre lo material y lo visionario.

"Se puede tener por compañera la fantasía, pero se debe tener como guía a la razón"   Samuel Jhonson

También es cierto que, como reza un proverbio chino,

"El fracaso más grande es no haberlo intentado".

Como me gustaban los grandes desafíos. "Difícil" era mi palabra preferida y una vez más no iba a ser fácil. Se interponían por un lado la financiación del traspaso, la gestión de una hipoteca y todo lo que conlleva ese trámite y por otro lado, la decisión de aquella otra chica que también quería el negocio y que había llegado unas horas antes que yo.

Pero yo seguía encabezonada en que lo quería a toda costa. Hipotecaría mi casa y lo que fuera necesario con tal de poseer aquella floristería.

Cuando colgué el teléfono después de hablar con Pablo una gran sonrisa se dibujaba en mi cara. Ya no pensaba en volver. Por fin había encontrado algo por lo que quedarme y comenzar de nuevo. La idea de emprender no me asustaba. Ya había creado otros negocios y habían ido bien. Unos mejores que otros, pero de cada uno fui aprendiendo y perfeccionándome.

El miedo a fracasar es la mejor enseñanza para aprender. Detrás de cada fracaso o equivocación hay una lección de cómo hacer de nuevo las cosas. Nadie se equivoca si no emprende. Y para ocasiones como aquellas siempre me decía una frase de una de las canciones de Sabina:

"No hay nostalgia peor que añorar lo que nunca jamás sucedió".

Bajé la calle Atocha sonriente y desafiante sobre aquel nuevo reto que la vida y yo misma me ponía delante. Siempre con la emoción de la victoria, nunca de la derrota.

Si pones pasión en aquello que haces, aquello que para otros resulta difícil o una locura, comienza un viaje dentro de ti que solo tu disfrutarás. Tanto en los buenos como en los malos momentos será algo que nadie entenderá. Solo quienes como tú hayan emprendido.

En el vagón de metro y después del Cercanías llevaba esa misma mirada soñadora. Admiraba cada uno de los detalles que veía a lo largo del camino. Estaba impaciente por llegar y contárselo a mis hijos.

Recogí a las dos pequeñas del colegio y al verme me preguntaron:

— ¿Qué te pasa, mamá?

— ¿Por qué me preguntáis eso?

— Porque estás diferente se te ve feliz.

— Sí. He ido a ver la floristería del traspaso

— ¿Y cómo es?

— No podéis imaginarlo. Es preciosa, antigua, todo de madera con un gran jardín y un olivo en medio. Es única.

Mis hijas se miraron y sonrieron. Les gustaba verme feliz.

A la hora de la comida ya estábamos los cuatro juntos y empecé a describirles aquel lugar. Cuando mi hijo me preguntó el precio del traspaso sus caritas cambiaron de expresión.

— ¿Cómo vas a pagar eso? No tienes tanto

— Sí, es verdad. No tenemos tanto, pero podemos hipotecar la casa.

— Mamá, ¿estás segura de eso?

— Sí, algo me dice que sí —respondí.

— Vale, vale. Si puedes hacerlo, hazlo.

Tenía que compartir aquel hallazgo con las personas que me importaban. Llamé a mi pareja, aquel hombre que llegó a mi vida una mágica noche de San Juan.

Como buen madrileño conocía aquel lugar y me apoyó totalmente en su adquisición.

Después llamé a mi tío y a mi padre. Ninguno me cogió el teléfono y empecé a preocuparme por si les hubiera pasado algo. Por aquel tiempo mi tío estaba en continua revisión médica a causa de su diabetes y una pequeña herida que se había hecho en el pie.

Ya por la tarde, casi al anochecer, me llamó mi padre para decirme que habían hospitalizado a mi tío y que seguramente le amputarían parte del pie.

La sonrisa se me borró de la cara y preparé el equipaje para viajar al día siguiente a Jaén. No podía dejarlos solos.

Debo todo lo que soy a ellos, a mis mentores, mi tía abuela ya no estaba a mi lado, aunque yo así la sentía, y me quedaban mi padre y mi tío, y ahora debía dejar a un lado mis sueños y estar a su lado, ellos lo eran todo para mi, ellos me enseñaban con su experiencia de la vida, para mi eran mis mejores profesores y la mayor riqueza que tenia en ese momento.

Empezar de cero conlleva tiempo, y dedicación, en mi caso ese tiempo era repartido entre las personas que me necesitaban como eran mis hijos y aquellos mayores que me ayudaron y me tendieron una mano cuando estaba desvalida. Dependiendo de los valores de cada uno tu dedicación a cada una de las partes será menor o mayor.

Mi tío, como ya dije, era una de las personas más importantes de mi vida y yo no podía dejarlo ahora. En ese momento de su vida era yo quien tenía que darme la palmada en el pecho y decir lo que siempre escuché de su boca cuando le pedía ayuda.

—Aquí estoy yo.

Todo podía esperar y mi lugar se encontraba al lado de él y apoyando a mi padre.

Verlo allí, empotrado en una fría cama de hospital con su pie amputado, fue una imagen desgarradora. Manuel era una persona muy activa que siempre andaba de aquí para allá. A pesar de su edad conducía su propio automóvil, le gustaba la caza y la pesca, pasear por su finca de olivos y sus papeles, su gran afición. Su gran mesa llena de papeles.

A pesar de su situación aquella sonrisa siempre al verme seguía inalterable. Mi presencia hacía que se sintiera feliz y acompañado. A la vez él sacaba de mí lo mejor de mi ser. Podía ser quien era sin tener que dar explicaciones ni convencerle de nada. Él creía firmemente en mi y eso me daba fuerza para seguir.

Le hablé de mis planes, de qué había visto ese lugar, que sería bueno para empezar de nuevo sin tener que enfrentarme a los clientes y proveedores que compartía con mi exmarido.

Le describía con tal pasión aquel bello lugar que parecía que en cualquier momento iba a levantarse y salir corriendo a verlo.

Fui viendo la manera de poder pagar aquel elevado traspaso y también visionando que tal vez la otra persona que lo vio antes que yo se quedaría con él. Entonces tendría que buscar otra manera de seguir en Madrid o volverme a Jaén.

Fueron pasando los días y las semanas y no recibía ninguna llamada del dueño de la floristería.

Ya estábamos a finales de noviembre y se acercaban las fiestas navideñas. Quería bajarme a Jaén para pasar las navidades con mi familia y amigos y volver en Nochevieja para estar con mi pareja.

Me sentaba en aquel gran salón semiamueblado y me ponía a escribir un pequeño diario y de vez en cuando me evadía admirando los grandes álamos que divisaba tras el cristal, soñando con aquel lugar y con la llamada de aquel señor.

Había echado algunos curriculums por varias agencias de empleo temporal y aquella tarde me llamaron de una de ellas, era para un trabajo de dependienta en una tienda de ropa de caballeros. Yo nunca había trabajado en algo así. Aunque tenía bastante experiencia cara al público, no era eso lo que solía vender y mucho menos moda de caballeros.

Fui a la entrevista. Recuerdo que la persona que me entrevisto era un fan de Javier Krahe. Empezamos a hablar de nuestros gustos musicales y de cantautores. Me dieron el puesto y al día siguiente estaba colocando corbatas de caballero en un establecimiento del centro oeste de Majadahonda.

Estaba claro que aquello no era lo mío. Tampoco me gustaba y a mí misma me decía que sería transitorio. Y seguía soñando en aquel lugar y esperando que mi móvil sonara y oyera la voz de aquel señor.

Trabajar en algo que no te gusta es lo menos gratificante que existe. Por desgracia muchas personas se ven obligadas a ello. Yo hubiera seguido allí si no hubiera sido por aquella llamada que por fin llegó.

Si no eres feliz en tu trabajo porque dejaste a un lado tu sueño y necesitas cubrir las necesidades básicas de existencia, sigue alimentando esa idea hasta que llegue el momento oportuno para emprender.

Pero si te sientes mal en tu trabajo por cosas externas, como un compañero o un jefe, piensa en que nadie tiene ese poder sobre ti para causarte felicidad o infelicidad. Solo tú decides tus estados de ánimo, aceptación o motivación. Si sueñas, sigue tu sueño. Si ya lo tienes, consérvalo. Pero sobre todo busca tu satisfacción personal y profesional y no te conformes. Sigue reinventándote. Sigue estudiando. Sigue aprendiendo. Esa es la mejor manera de emprender y sentirse vivo.

"No consulte a su temor, sino a sus esperanzas y sueños. No piense acerca de sus frustraciones sino sobre su potencial" (Juan XXIII).

Cada noche, como siempre, me costaba coger el sueño. Mi cabeza era como una máquina creando y visualizando el día que llegaría a poseer aquel negocio, qué haría, cómo lo haría…

Las cosas suceden cuando menos te lo esperas. Cuando dejas de pedir aparecen por arte de magia. Así, aquella tarde de diciembre llegó aquella llamada de don Antonio Liñán, el propietario de la floristería. Como ya os conté, perteneció a su familia desde los tiempos de su abuelo. Don Antonio era una persona ya de edad que mostraba en sus arrugas la sabiduría de aquel negocio.

Quedamos en una cafetería de López de Hoyos. Allí le expuse mi proyecto, que haría con la floristería y que por su puesto me gustaría contar con su experiencia y ayuda.

Todo estaba aclarado. El precio y todos los detalles a espera de que la otra chica confirmara su sí o no respecto al traspaso.

Tan solo faltaban unos días para las fiestas navideñas, así

que decidimos que nos llamaríamos despúes de las mismas con cualquier novedad. Siempre que no se hubiera manifestado el otro cliente.

Marché a Jaén desilusionada, pero con esperanza. ¿Cómo no se iba a quedar aquella chica con un lugar tan maravilloso? Lo único que podría frenarla sería la financiación del mismo.

No me quedaba otra que esperar. Mientras, en mi ciudad, les contaba a mis amigos lo bonito y mágico de aquel lugar y todos me decían "seguro que lo conseguirás".

Estuve cerca de los míos. Pasaba las tardes con mi tío contándole aquellas hazañas en la capital.

Ponía tanta pasión en todo cuanto contaba que era normal verme al final de cualquier velada contando historias para no dormir.

Más o menos finales de enero recibí la llamada de Don Antonio. Aquella otra chica se quedaría con el traspaso.

Un jarro de agua fría. Sentí como todas mis ilusiones quedaban congeladas. La firma estaba prevista para el día 20 de febrero. Don Antonio sentía enormemente aquello. Le hubiera gustado que me quedara yo pero tenía que ser fiel a la palabra que en su día le dio a ella. Amablemente me despedí de él dándole las gracias.

Vuelta a empezar. A crear nuevas ilusiones y a seguir adelante. Eché mano a mi vieja agenda donde guardaba los clientes de mi anterior negocio y fui llamando uno a otro pidiendo trabajo.

Fui a Viveros Vierdes, Don Juan, un hombre mayor encantador, me atendió. Le hablé de mi experiencia como florista y del fracaso que acababa de pasar al perder aquel traspaso.

Don Juan me escuchaba y me leía parte de un libro que estaba escribiendo. Me sentía muy bien al lado de aquel gran hombre, aprendiendo de cada una de sus palabras. Se hizo casi una costumbre irme a Fuenlabrada cada tarde para conversar con él.

— ¿Por qué no me contrata? — Le dije un día.

— Porque no quiero contratarte — me dijo con voz rotunda.

— ¿Por qué? ¿No le gusta mi experiencia?

— No, no, claro que me gusta. Simplemente, darte trabajo aquí de cajera o de reponedora seria como poner a un coronel a hacer guardias. Vas a quedarte con esa floristería.

Sonreí. — Gracias por sus palabras. Me hacen sentirme válida pero ya es demasiado tarde para quedarme con esa floristería—.

Y sonriendo y trasmitiendo aquella paz que daba con sus palabras cogió el teléfono.

— Antonio, ¿qué tal estas? Soy Juan de Vierdes. Estoy

con una chica que tú conoces bien y que quiere el traspaso de tu floristería. Sí, ya me ha dicho que estas comprometido con otra persona. Tenla presente porque vale la pena. Vale,espero a que me digas algo. Un abrazo.

Colgó el teléfono. — No está todo perdido —me dijo mirándome.

Sentía unas ganas enormes de abrazar a aquel señor. Como por un plumazo mis ilusiones volvieron de la misma manera que se fueron.

Como en cada viaje que emprendía, fuera largo o corto, siempre sonaba alguna canción del maestro. Aquella noche de vuelta a casa bajé las ventanillas y empecé a cantar a pleno pulmón "Por el bulevar de los sueños rotos".

Al llegar a casa cogí a mi pequeña en brazos dando vueltas por aquel salón semivacío, invitando a mi otra niña a que se uniera aquel baile tan especial.

De nuevo la ilusión y los sueños volvían a mí.

En todo este camino de sueños ganados y perdidos siempre estuvo a mi lado el hombre más importante de mi vida. Mi pareja de antes y de hoy.

Quince de febrero del 2006. Recibo una llamada de don Antonio. La floristería era mía si seguía interesada. La otra chica al final no la quiere. Como una idiota empecé a dar saltos y a recorrer toda la casa. Tenía cinco días para conseguir el dinero.

Tenía algunos ahorros, pero no llegaban ni de lejos. Mi tío Manuel me dio parte y un amigo me prestó el resto mientras se hacía la hipoteca.

Y así, con prisas y ayuda de todos los que me quieren y me querían, conseguí aquel traspaso.

El día veinte de febrero del 2006 la floristería Martin Liñán tenía una nueva propietaria. Yo.

Sentada en un banco de la calle Miguel Ángel, sonreí jugando con las llaves de aquel maravilloso lugar, unas llaves que hoy aun conservo, con un llavero que me regalo don Tomás, aquel señor elegante que me atendió el primer día que puse mis pies allí.

No sé cuantas llamadas hice aquel día para dar la noticia a todos los míos. Amigos, familiares, padre y a mi tío Manuel. Pero sobre todo tenía una gran prisa por abrazar a mis tres hijos y llevarlos allí.

Tenía que esperar algunos días hasta que los antiguos dueños vaciaran el local. Aquella pequeña espera se hacía eterna. Iba cada día para ir familiarizándome con todo aquello. Mi imaginación corría como un automóvil a 200 km por hora y la ansiedad se hacía presente en mi estomago porque había conseguido aquel lugar, pero eso no iba a ser todo.

Ante mí se abría un gran reto. Ese reto que muchas veces no vemos cuando emprendemos. Ya sabemos que emprender requiere esfuerzo, motivación y constancia. Lo oímos decir a muchos mentores, pero otra cosa es meterse y ser parte de esas emociones y sabiendo que ya no hay vuelta atrás.

Había conseguido aquel negocio y estaba tan concentrada en su adquisición, que en ningún momento tracé mi ruta. No tuve en cuenta beneficios, gastos y lo más importante: siempre había estado en el mundo de la decoración y la artesanía. Mi experiencia con la flor era de muchos años, pero las flores con las que trabajaba eran flores secas o de tela y allí tendría que trabajar con flor natural. Tal vez muchos piensen que no hay diferencia entre ambas, pero no es así. Una flor natural requiere unos cuidados que la seca evidentemente no necesita. A la hora de crear un arreglo también es diferente.

Lo primero que tuve que hacer fue ponerme al día y volver a aprender de aquel nuevo arte. Para ello contraté a una de las mejores floristas de España y estuve dando clases con ella. El curso tenía un precio elevado, pero era necesario. Aprender de los mejores es algo esencial.

Después de tantos meses de espera y lucha por conseguir aquello por fin llegó el día en que la floristería estaba a mi disposición. Aquella mañana de camino hacia el local iba observando todo cuanto sucedía a mi alrededor. Iba tomando conciencia de que ya no era un sueño sino una realidad. Paseaba por la calle Huertas camino a mi negocio, el Madrid más castizo me daba la bienvenida. Respiraba hondo y daba gracias por todo cuanto me estaba sucediendo e imaginaba lo que estaría por venir.

Confiaba en mí y tenía fe en cada cosa que hacía. En mi maleta llevaba también las esperanzas de muchos que confiaron en mí. Y aunque no podía defraudarlos, el mayor compromiso era conmigo misma.

La calle Huertas se proyectaba delante de mí. A la vuelta de la esquina aquella pequeña puerta de hierro daba paso a aquel camino de piedra hasta llegar a la casita de cristales y madera.

Recordé el primer día que mis pasos se detuvieron allí. En aquel momento no aprecié el gran olivo, pero ese día lo primero que hice fue saludarlo y darle las gracias. Si algo me hacía estar cerca de mi tierra ¿qué mejor que un olivo? ¿Cuántas veces jugué alrededor de ellos? Crecí rodeada de olivos y del olor a aceite y jámila. Sin lugar a duda aquel era mi sitio y mi rostro proyectaba la misma felicidad y gratitud que sentía en mi interior.

Había mucho trabajo por hacer. Renovar el local y darle un aire más fresco, pero sin perder su esencia. Las primeras semanas las pase limpiando con la ayuda de mis hijos y amigos. David el empleado de los anteriores dueños siguió conmigo y poco a poco fuimos dando forma a todo aquello. Buscar un nuevo nombre era importante y darnos a conocer.

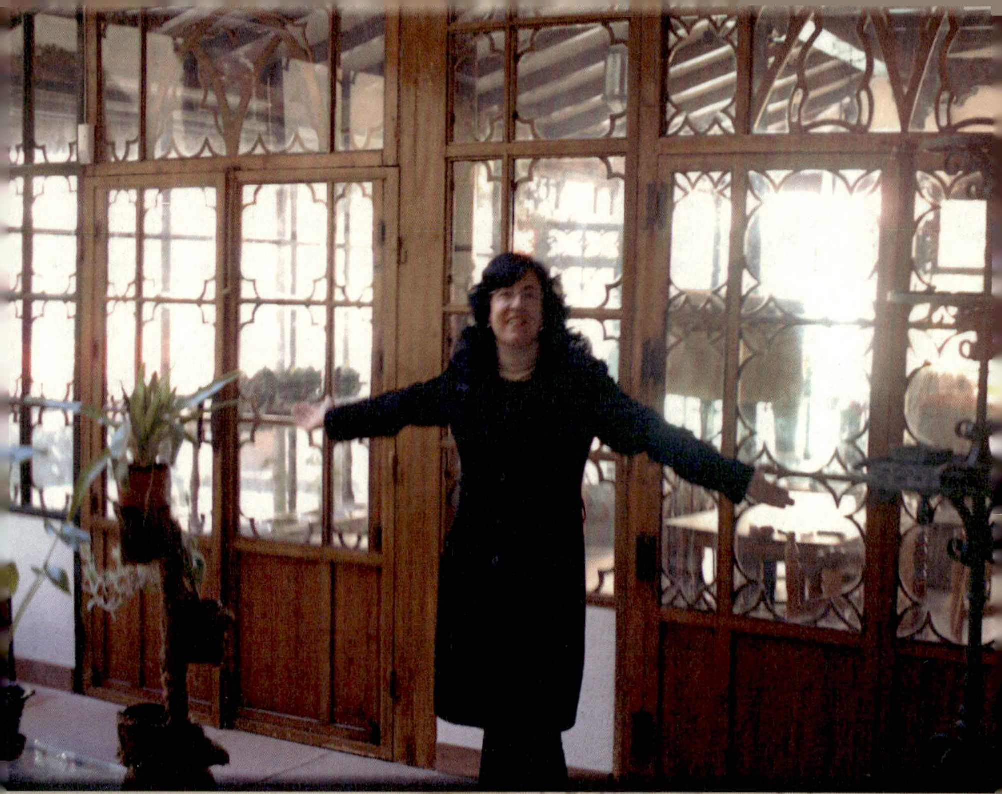

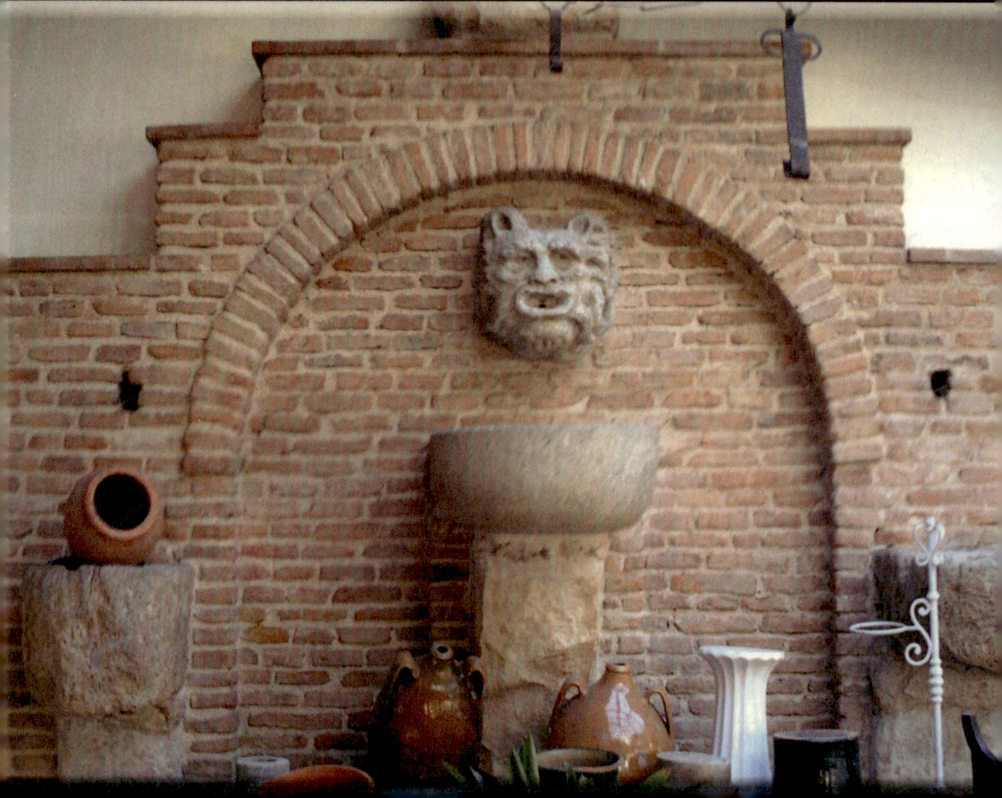

No sabía mucho de marketing así que tenía que pensar en aprender como atraer clientes. Contaba con algunos clientes de los anteriores dueños. Entre ellos Casa Patas, ese lugar donde pude estrechar la mano de Joaquín Sabina. Se convertiría en mi más cliente fiel y cada viernes iba sonriente a llevar aquel ramo de margaritas blancas.

Al ser un lugar tan emblemático, muchas personas cruzaban la verja para preguntar si íbamos a volverlo abrir, expectantes muchos de ellos para que llegara ese día.

Todo el local estaba pintado de blanco. Las columnas, de hierro fundido en verde hierba, así como los ventanales de hierro. En el invernadero la gran fuente de piedra estaba seca y quisimos arreglarla. También las paredes eran blancas, aunque el lugar, debido a los antiguos muebles que tenía y los grandes calderos de cobre, era acogedor. El frio de las paredes encaladas hacía que perdiera un poco de encanto.

Había una mesa de madera con dos sillas de anea donde se recibía a los clientes. Allí me sentaba cada mañana para ver cómo empezar a dar forma a aquel proyecto. Decidimos poner el nombre comercial de "De Castro Floristas". Pusimos un gran cartel con la fecha de apertura 19 de marzo 2006. Seguía dando vueltas a mi cabeza para darle un enfoque diferente y sacar el máximo partido aquel lugar tan emblemático.

Quizás uno de los errores que solemos cometer los que nos sentimos emprendedores es que muchas veces nos olvidamos alguna que otra herramienta.

Sabía de flores secas, mi modo de operar de venta no era al publico sino al mayor, eran demasiadas lagunas y muy poca formación y eso a lo largo de los años he aprendido que es esencial, formarse en lo que queremos desarrollar. No dar todo por sabido, ni dejarlo todo al azar, hay que dar pequeños pasos pero seguros y firmes, porque de eso va a depender el éxito o fracaso de tu negocio.

De la misma manera que tracé mi plan para cambiar de ciudad, debía haberlo trazado para montar aquel negocio, tenía que haber pensado los posibles inconvenientes que me podía encontrar, evidentemente nunca podemos tenerlo todo controlado, en las equivocaciones está el aprendizaje, por eso nunca debemos dejar de aprender.

La verdadera realidad, es que no sabia por donde empezar, no tenia ni idea como enfocar aquel aire fresco que yo quería darle, sin perder la esencia ni el recuerdo de los primeros dueños. Pero a veces cuando pedimos algo, sin saberlo ponemos un proceso en marcha y las cosas te llegan sin más.

Una mañana me llamaron de una productora de la televisión de Castilla La Mancha. Querían rodar un spot y estaban interesados en hacerlo en mi local. Sin lugar a duda mi respuesta fue afirmativa. Y así, sin pensarlo, me encontré rodeada de cámaras, fotógrafos, modelos y todo lo que conlleva un rodaje.

Fueron creando el escenario perfecto y todo el lugar se transformo en un sitio todavía más mágico. Acompañaba aquel gran equipo una persona que sería parte importante en el desarrollo de mi negocio, el decorador Gonzalo García. Empezamos a hablar de cómo dar un aire fresco a la floristería sin perder su aroma original. Mi presupuesto no daba para contratar a grandes profesionales como lo era Gonzalo, pero sus ganas de ayudarme y ser parte de aquella transformación hicieron que pudiéramos llegar a un acuerdo entre los dos.

Gonzalo era y es visionario de la decoración. Observador del mínimo detalle. Su total implicación hace de él un gran profesional y persona a la que yo estaré agradecida eternamente por todo lo que me hizo vivir en aquellos años.

Lo primero que hizo fue cambiar el nombre a la floristería y paso a llamarse "Floristería Lola de Castro". Había que buscar una marca personal y mi nombre junto a mi apellido lo era y sonaba como una firma.

Escucharlo de sus palabras hacía que lo vieras y lo sintieras tal y como el lo transmitía.

Cambiamos el frio blanco por un color cálido y las columnas de hiero forjado en verde hierba se pintaron con una pátina especial que envejecía el hierro y le daba un aspecto elegante a la vez que entonaba colores de antaño. Todo ello, junto al noble de la madera de los muebles antiguos, hacía un conjunto ideal. Se encargaron mesas de forja y cristal pintadas del mismo color que las columnas y las vidrieras. Pusimos la fuente en movimiento.

Los cuadros pequeños de los antiguos dueños se respetaron y seguían en el mismo lugar donde estaban. Sólo cambiaba su orden de posición. Se busco una imagen corporativa. Para ello Laura Gutiérrez fue mi asesora. Junto a Gonzalo me presentaron una imagen corporativa diferente, elegante y actual. Las tarjetas llevaban el mismo color que las paredes y poco a poco todo iba cobrando forma.

En cuanto a la inauguración del local también se encargaron ellos de todo. Las invitaciones a los diferentes medios de comunicación iban en unos sobres de pergamino que me regaló mi amiga Ana, de "Manipulados Cañada". En cada uno de ellos, junto a la invitación, había unas semillas de césped con este mensaje:

"Hemos plantado nuevas semillas en un lugar con mucho encanto. El jueves 21 de septiembre de 12:00 a 17:00 horas inauguramos una de las floristerías más antiguas de Madrid. Vamos a celebrarlo con un cóctel y tú estás invitado".

Fue un éxito. Junto a Gonzalo y Laura vimos hasta el último detalle, catering, prensa, presentación…

Empezaron a llegar medios. ABC, El Mundo, El País, periódicos locales de la zona, revistas de moda y decoración. Así, de pronto, me vi dentro de aquello que yo misma había proyectado años atrás cuando lo único que buscaba era un cambio en mi vida.

La floristería Lola de Castro empezó a ser un referente para actores y actrices. Clientes que pasaron a ser amigos, amigos que eran clientes. Todo un mundo de gran riqueza y de un continuo crecimiento.

Cada uno de ellos dejó en mi alguna enseñanza. También aquellos de los que desconocía su oficio cuando hablaba con ellos y que podrían ser grandes actores o escritores.

Iba cada semana a Cazorla, Cazorla es un municipio situado al este de la provincia de Jaén, dentro del Parque Natural de las Sierras de Cazorla, Segura y Las Villas, . Mi tío Manuel estaba en una residencia atendido también por la hermana de su mujer, que era religiosa. Cuando me veía entrar, su cara se iluminaba. Y aquella sonrisa que siempre le acompañaba hacía saltar de mí lo mejor que tenía. Le llevaba los periódicos y revistas que hablaban de la floristería, le contaba cada uno de mis pasos. Sus palabras siempre sabias y aquellos consejos de economía que me daba me acompañan en mi día a día y cuando me encierro en mí misma buscando una salida, las recuerdo y eso me ayuda a levantarme y a seguir reinventándome, creciendo. Creciendo.

De cada una de las personas que me acompañaron a lo largo de mi vida hay algo en mí. Soy todo de ellos y ellos viven en mi.

Lo peor de aquellas semanas era la despedida. Lo veía allí a lo lejos del pasillo en su silla de ruedas diciéndome adiós con su mano. El camino de vuelta era triste. Era ya tan mayor que siempre me quedaba la incertidumbre de volver a verlo. Hubiera preferido que estuviera conmigo en Madrid, pero él no quería irse de Jaén.

La única elección que me quedaba era ir a verlo todas las semanas a Cazorla, como me nombró su tutora, cada vez que tenía que ir a revisión, o cuando tuvo problemas de visón o su rotura de cadera, tenía que estar con él, y yo quería estar a su lado.

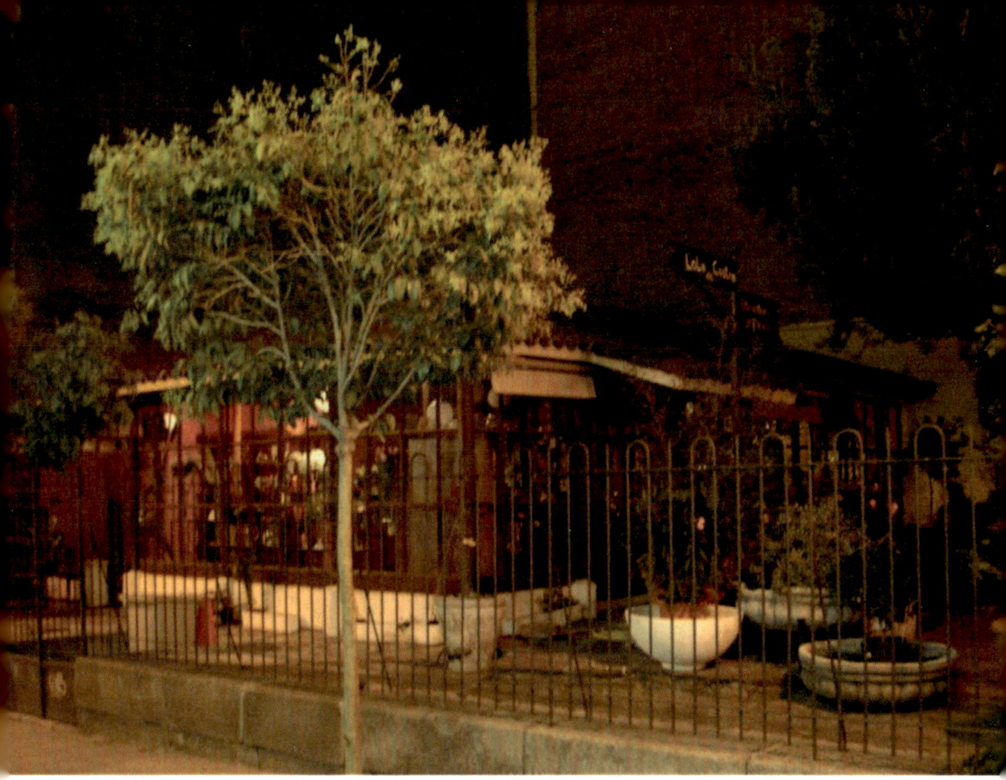

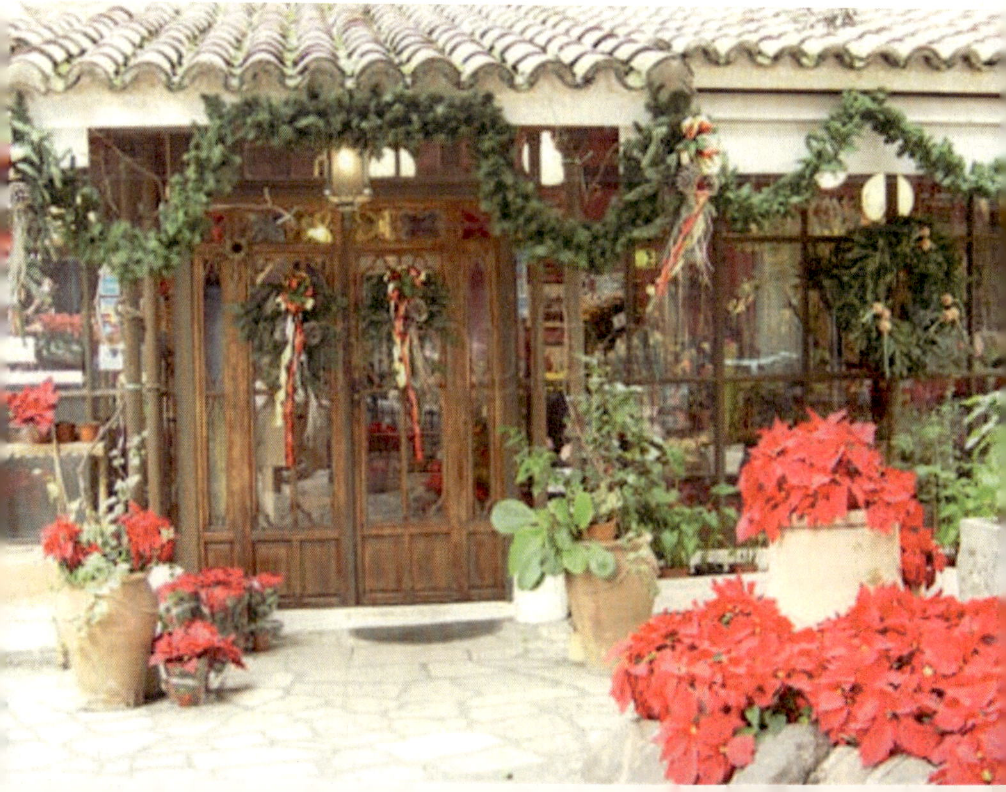

Las tardes de invierno en la floristería eran mágicas pero muy frías, porque el edificio no estaba bien aislado, los cristales se empañaban y le daban ese aspecto de una casita de navidad de una película navideña, eso hacía que el frio que traspasaba las ventanas nos dejara los pies helados. Siempre llegaba algún cliente y compartíamos un café en la trastienda. La trastienda era el lugar ideal para reuniones de amigos. Desayunar con don Ricardo, el sacerdote de la iglesia de San Sebastián, y con mi florista número uno: Lucilo.

Lucilo era florista profesional y lo avalaban varios años de experiencia. Me enseñó a crear grandes ramos y a hacer grandes composiciones florales.

El año que compartimos fue el de más esplendor de la floristería "Lola de Castro". Podría contar miles de anécdotas compartidas con mis clientes y amigos.

Ya había conseguido mucho desde aquel febrero del 2006, pero aquel lugar daba para mucho más, aquel espacio podía tener más valor añadido y aunar flores con poesía. Estaba en el Barrio de las Letras y una de mis aficiones preferidas era escribir. El lugar donde estaba era ideal para recitar poesía o incluso una escuela literaria. Como si el Universo leyera mis pensamientos, esa tarde llegó una señora con una bici que dejo en la verja.

Nos saludamos y compró una planta. Yo hablé con ella confesándole mi intención de crear un espacio para leer o recitar poesía. Aquella señora era Sara Rosemberg. Excelente escritora y persona. De aquella conversación nació "El jardín de las letras" junto al también escritor Juan Madrid.

El lugar elegido para aquello fue el invernadero y así fue como la poesía y la flor se fundieron en una sola cosa.

Ya tenía todo cuanto había soñado. Conocía a escritores, actores y a la maravillosa gente que forman el Barrio de las Letras.

Así fueron pasando los meses, trabajando duro y con el presupuesto siempre ajustado. Desayunando y merendando en la mejor compañía de aquella nueva familia que había crecido en la floristería y pensando siempre en los míos y en mis raíces.

Detrás de todo esto se esconden noches de insomnio, preocupación por pagar facturas y miedo a estar sola frente a todo. Pese a todo sentía la magia cada uno de los días cuando entraba por la mañana, saludaba a mis plantas y daba gracias por estar allí.

Estaba ya entrado el año 2008. Lucilo quería poner una floristería por su cuenta en Pamplona. Eso me hizo venirme un poco abajo. Mi tío había empeorado y yo quería subírmelo a Madrid. Sus hospitalizaciones eran cada vez más continuas. Yo bajaba a Cazorla y eso hacía que tuviera que cerrar la tienda.

Lo cierto era que estaba perdiendo de vista mi objetivo que era mi negocio. Me había centrado solo en el cuidado de mi tío. Durante días la floristería permanecía cerrada.

En ese momento entré en un círculo devastador. Al cerrar el establecimiento los clientes no iban. No generaba dinero y por lo tanto el negocio iba decreciendo. Tenía que hacer algo urgente para acabar con aquello y priorizar.

En aquel momento lo único que me importaba era mi tío. Me sentía en deuda con él hasta tal punto que dejó de importarme algo por lo que tanto había luchado.

En mayo de ese año por fin me traje a mi tío a Madrid. Así podría estar más cerca de él y no perder tanto tiempo. Durante aquellos meses la floristería estaba desolada. Un reflejo de mi propio interior, igual de desolado y triste. Pero no podía consentir aquella devastación y pensé en asociarme con alguna persona con una visión y afinidades parecidas.

No sé cuantas personas se interesaron por el local. Fui entrevistándome con unas y con otras casi a diario. Los meses iban pasando y mi tío fue de nuevo ingresado coincidiendo con mi padre.

A toda la carga familiar que ya tenía, ahora se sumaba el dividirme en dos hospitales para cuidar de ellos. La floristería permanecía cerrada a cal y canto.

Me fui degastando con ella. Iba perdiendo la ilusión. De vez en cuando enviaba a alguien a que regara las plantas mientras yo permanecía en el hospital.

Pero como decía mi abuelo "Hacienda, tu amo te atienda".

Y así es. Cuando pierdes de vista tu objetivo, estás perdido. Lo personal no puede influir en lo profesional. Al menos no hasta el punto de provocar la pérdida de un negocio.

Dado el punto en el que estaba era mejor compartir aquel sueño y así en 2009 me asocié.

Un día antes, un triste veinte de abril, daba mi último adiós a ese hombre que fue mi mentor y mi guía en mis años de madurez. Solo quedaban los recuerdos de sus frases sabias y aquella sonrisa que quedaría siempre en mi memoria.

Amaba ese lugar, pero ya no era mi sueño, ni lo sentía como tal. Sentí que mi paso por aquella singular floristería había llegado a su fin. Tomar aquella decisión no fue nada fácil. Provocó discusiones familiares y discusiones internas conmigo misma.

Cuando un día vi a un empleado quitar el cartel de forja de la farola de la entrada donde podía leerse "Lola de Castro", sentí como si me arrancaran una parte de mí. Vino a mi memoria el día que colocamos aquel cartel. La ilusión que había en ese acto, los amigos que participaron en todo aquel viaje de emprendimiento.

Comprendía que aquel periodo llegaba a su fin. ¿Cuánto se escondía detrás de aquel letrero? Ese letrero que molestaba a la mano que lo arrancó. Todo lo que había detrás del mismo murió en ese mismo momento. Y mi sueño con él.

Solo me quedaba despedirme y dar gracias a aquel maravilloso lugar que me dio la oportunidad de hacer realidad mis sueños más imposibles.

En el silencio de la noche fría de un mes de febrero fui recordando cada uno de los momentos vividos. Cerré mis ojos y fui recreando el primer día que abrí aquella verja, a mis hijas pequeñas jugando en el jardín, las inauguraciones y rodajes publicitarios. Todo aquello que me fue regalado...

Cerré aquella noche la verja con lágrimas en mis ojos pues sabía que ya no volvería. Desde la esquina de la plaza Santa Ana di mi último beso. El camino a casa fue el más amargo.

No era un simple negocio. Aquel negocio tenía corazón. El mío. No se trataba de números. Era algo más. Cada uno de sus rincones viven en mí. A pesar del paso de los años aún me emociono cuando hablo de aquel lugar. Era parte de mí, tal vez mi mejor parte.

Había cumplido aquel fatídico pronóstico de que la mayoría de los emprendedores no llegaban a los cinco años de negocio y, aunque en mi caso influyeron los motivos externos, esa era la realidad.

Otra manera más de saber qué hacer y qué no hacer en un negocio.

Durante cuatro años de mi vida fui parte viva de la ciudad que tanto he admirado. Madrid. He conocido y hablado con grandes escritores a los que admiro. Al igual que actores que tuve la oportunidad de ver en directo en alguna obra de teatro donde eran protagonistas.

He regalado flores. De hecho, era lo que más me gustaba hacer. Regalar. Y me he comprometido con cada una de las personas que entraron en aquellos años en mi vida.

Este libro no puede concentrar en unas líneas tantas tardes de invierno, tantas conversaciones y tantas confesiones. Aquellas anécdotas del Día de San Valentín. El mejor día de todos no solo por las ventas, sino por la cantidad de amor e ilusión que poníamos en hacer ramos de flores y la empatía que existía entre mis clientes y yo. Aquellos ramos cada doce de febrero que iban a la calle Relatores deseando que algún día su destinatario pasara por mi floristería.

Los regalos a distintos actores que en aquellos días grises cuando vivía en Jaén, me arrancaron una sonrisa con sus interpretaciones, y que gracias a la floristería se convertían en personas de carne y hueso y podía devolver aquellas sonrisas con ramos de flores, y darles las gracias por haberme hecho sin saberlo mas llevaderos aquellos tiempos difíciles para mi.

Los amigos que trazaron un fuerte lazo conmigo como Lorna, que prometió volver de su viaje y nunca volvió. El destino quiso que formara parte del Universo y se fuera con las estrellas

Y tantas historias.

Ya hace años que todo esto sucedió, pero aún sigue viviendo en mí aquel aroma a flor cortada, el sonido de la campanilla al entrar al local, la luz tenue y el frio en los pies. Cada noche, por una razón u otra, mi pensamiento acaba en la calle Huertas. Y sueño que vuelvo a estar allí.

Detrás de cada letrero de un negocio — no importa cual — se llame "La floristería de Lola" o "Floristería Lola de Castro", se esconde una leyenda personal de superación constancia y motivación.

Todo ello merece un respeto y ¿por qué no una valoración? Cada vez que veo un negocio cerrado me pregunto ¿cuál será el obstáculo que tiene esa persona?

Puedo pensar que yo lo haría mejor. Tal vez sería así, pero no es a ti a quien te toca ahora hacerlo.

Emprender es una tarea difícil y debes estar preparado para perder. Pero el emprendimiento mirado desde cualquier ángulo te ayuda a crecer y a reinventarte. Y eso es estar vivo.

La persona que está detrás de un mostrador o de una mesa de despacho tiene su propia leyenda personal. Y detrás del éxito siempre se esconde el fracaso porque sin fracaso no hay éxito. Respeta pues a esa persona que estuvo antes que tú y no quieras difuminarla porque seguramente tiene mucho que enseñarte.

Madrid me ha dado todo cuanto tengo. El amor de mi vida, un lugar maravilloso para vivir, una familia y el recuerdo de aquel lugar mágico que vivirá en mí por siempre. Ahora tengo lo mejor de Jaén y lo mejor de Madrid. El amor que busqué y mi éxito personal, aunque eso formé parte de otra de mis vida y sobre todo tengo un nuevo futuro profesional delante, nuevas aventuras, nuevas anécdotas e ilusiones, con la diferencia que ahora tengo mas armas y mas aprendizaje para empezar de nuevo.

Si para mi hay un lugar donde soñar es Madrid, si hay un lugar para vivir es Madrid, por eso gracias a esta bella ciudad que me dio la oportunidad de crecer, madurar y ser mejor persona. Porque ahora a lo largo de los años he comprendido que el regalo no fue la floristería, sino que la floristería fue el medio para darme todo lo que tengo.

Gracias Madrid, gracias Barrio de Las Letras.

EPÍLOGO

Termino de reescribir este libro en Majadahonda en el mes de septiembre del 2021.

Fue un viaje que me hizo crecer como persona, y también me hizo aprender de la vida.

Todo pasa para y por algo, todo tiene su porque, eso es lo que he aprendido a lo largo de los años, nada fue fácil pero tampoco extremadamente difícil, todo fue tal cual tenia que ser.

Cuando dejé la floristería, no me sentía feliz, evitaba cualquier noticia o comentarios que viniera de ella, si me molestó, y mucho cuando vi la nueva propaganda y no se hablaba de mi, era como si nunca hubiera estado allí, y eso no lo podía permitir, ¿por qué? porque detrás de mi, detrás de aquel negocio había muchas cosas además de los sentimientos también el apoyo y esperanza de las personas que me ayudaron a tenerlo, por lo que borrar mi nombre de allí era borrar a todos y cada uno de ellos y para dejar constancia de que fue real escribí el primer libro de "La florista de la calle Huertas".

Quería seguir creciendo como persona y aprender, aprender de todo y sigo aprendiendo.

Tuve la oportunidad de estudiar Coaching gracias a Enrique Jurado de la escuela D´arte formación.

Después de dejar la floristería, emprendí un nuevo viaje siempre siguiendo a corazón y sin perder de vista mi ciudad natal, así que creé "Olivar de Castro" un negocio de aceite de oliva, y seguí con nuevos retos y sueños profesionales. Junto con mi amiga de la infancia Lola Fontecha, unimos poesía con el oro líquido de nuestra tierra, y creamos la marca "Oliverso" poesía en aceite de oliva, con las ilustraciones de nuestra ciudad de luz, Jaén, del pintor jiennense Francisco Arévalo y los versos de siete poetas andaluces.

Junto a María Jesús Romero de Ávila hemos fundado una asociación donde ayudamos a las personas a que puedan buscar otro camino en su vida.

En el tramo personal me casé con el amor de mi vida, aquel madrileño que llegó sin esperarlo una noche de San Juan, en un maravilloso castillo en Almodóvar del Rio (Córdoba), rodeados de las personas que más nos quieren.

¿Que hubiera sido de mi si nunca hubiera emprendido aquel viaje a Madrid? ¿Cuántas cosas me hubiera perdido? Dejé cosas atrás, pero las verdaderas siguen estando. Y ahora cuando recuerdo todo, lo único que me viene a la cabeza es la sensación de gratitud, y dar gracias al universo.

Aposté y gané, cambié aquel escenario que no quería,

¿fue fácil? no, aunque ahora en la lejanía no lo veo tan difícil.

Hay que luchar por los sueños, si sientes la convención que ese es tu camino, debes emprenderlo. Una vez más doy gracias a todas las personas que se cruzaron en mi vida aquellos años, de las cuales aprendí y me hicieron creer en mi.

Espero que el cometido de este libro ayude a las personas que lo lean a luchar por sus sueños, y a no tener miedo a emprender.

AGRADECIMIENTOS

A mis padres por hacer que yo sea quien soy. A mi tío Manuel y mi tía Carmela. Mi marido por su apoyo siempre constante en cada uno de aquellos años. A mis hijos por tripular conmigo en esta nave. Sacerdotes de la Iglesia de San Sebastián, Jorge y Ricardo, Isabel. A Don José Capellán (D.E.P). Don Ángel sacerdote. Los trinitarios de la calle Olivar. Mari, ayudante de dicha parroquia. Carmen. Mari por sus dulces cada tarde en aquellos días de invierno. Lola, por aquellas felicitaciones en nuestra onomástica. Amelia, por su sabiduría. Los propietarios del Restaurante "Platero", Luis y Fiona. Emanuel, Mónica, por aquella oración que me dio un día. Roberto Álvarez por hacerme sentir como una reina viendo su obra de teatro en el Teatro Español.

Francisco, gerente de Casa Patas y Marie. Los empleados de "Gabalca" y del Bar Azul. Nico y su esposa del kiosco de prensa. Ramón y su compañero. A Sara, Gonzalo Torrente (D.E.P) por aquellas charlas cada mañana antes del café. Carlos Salem, por compartir tardes de literatura. Benjamín Prado, por aquella mágica tarde en la que le entregué un ramo de flores en La Casa de América, A mi inspirador que, sin saberlo, cada día con sus canciones me hacía volar. Cada uno de mis clientes más fieles que se convirtieron en amigos y me hicieron crecer. A Manuel del Árbol. A Cristina y Blanca. A mis compañeros en aquellos días.

Lucilo Muñumel, David Izquierdo, David Flores, Lorenzo, Laura Zavála y María Díaz. Lorenzo Gallardo porqué siempre ha estado a mi lado. La eslovena cuyo recuerdo me acompañará por siempre y que fue un ejemplo a seguir de lucha aunque al final venciera el cáncer, Lorna, Y a Mar. A Marta Arteaga que llegó como una ráfaga de viento fresco en aquellos días grises y sus juegos de magia hicieron más mágico aquel lugar. La señora De Silva siempre fiel aquellos centros de frutas y cada uno de vosotros que no nombro pero que vivís en mi recuerdo. Gracias por confiar en mí.

Gonzalo García gran decorador, siempre te quedaré agradecida.

Lucilo Muñumel, fuiste un gran maestro.

Amigos aquellos que vivisteis y sufristeis conmigo aquella aventura. Gracias Enrique, Ana y Paco.

Y gracias a D. Antonio Martín que me dio las llaves de ese lugar mágico, siempre estará en mis recuerdos (D.E.P). Don Juan de viveros Vierdes.

Y todas las personas que se cruzaron en mi camino en aquellos años, Alba, Inma, Ana Díaz, Esther, Casi. Al instituto de la mujer de Madrid. a Ana, Julia, Patricia, Judit.

Y un reconocimiento especial a José Alcántara por su lucha, empoderamiento y constancia para vencer su enfermedad, eres un modelo para seguir.

Gracias a Bea, María Jesús y Helga.

LA GRATITUD ES LA VERDADERA LLAVE DEL

ÉXITO EN TODAS SUS FORMAS.

CONSEJOS PARA
EMPRENDEDORES

La primera regla es que te enamores de tu idea pero no la idealices.

Sueña siempre y visualiza, pero sin perder de vista tu propósito.

Márcate objetivos alcanzables y pequeños y ve uno a uno.

Se constante y no divagues.

Estudia tu idea de negocio.

Fórmate en empresa.

Conoce las reglas de un proyecto de negocio.

Búscate un mentor.

No gastes más de lo que ingresas.

Traza tu plan.

Termino con estas frases, la primera me la dijo mi compañero de juegos infantiles cuando teníamos 15 años:

> *"Hacer hoy lo que hicieron ayer otros, es vivir un día menos"* (autor desconocido)

> *"Si no te gusta cómo son las cosas, cámbialas. No eres un árbol"* (Jim Rohn)